秘境駅の風景

淡い陽
待合室

4月初めの糠南駅はまだまだ雪景色。特急サロベツ1号が颯爽と通過する。

246パーミルの勾配の途中にもたて山駅がある。山中の静かな駅だ。

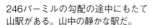

（右）レトロ調車両「さんりくしおさい」は山間のホームに似合う。白井海岸駅。

（左）駅舎は撤去されたが駅前の桜は淡い色を咲かせていた。特急にちりんがゆっくり通過。宗太郎駅。

野岩鉄道の普通列車は6050系。誰もいないホームへと到着する。男鹿高原駅。

片面のホームに降り立つと穏やかな伊予灘が顔を覗かせ、斜面の集落が出迎える。串駅。

豪雪地帯のポイントを守るスノーシェッドを山形新幹線つばさ号が駆け抜ける。
大沢駅。

桜の散りかけた午後、キハ120形が佇む。ホームは要衝だった記憶が残る。
備後落合駅。

列車は終点を目指しゆっくりと発車。ミラーにはこの駅の主役の牛舎が映る。
福島高松駅。

北緯58度線の異国の無人駅は電波も圏外で心細いが、凛々しい猫が癒やしであった。アルトナブレアック駅。

気温30度以上の暑さだが、のどかな駅舎を眺めると涼しさも感じてきた。ワンイェン駅。

終端の駅はプツッと線路が途切れているのが潔く、どこか哀愁も漂って好きだ。長門本山駅。

山間の小駅といった趣の久我原駅。1980年代のどこかの国鉄路線に見えてしまうほど牧歌的だ。

誰も降りずに雪で埋もれた日本一の秘境駅に、特急北斗が勢いよく通過する。
小幌駅の踏切。

頸城トンネル内の筒石駅はホームが大変狭い。ちょうど臨時の回送列車が通過。

桃源郷かと思うほど春の花々に囲まれた木造駅舎は忘れ難く素敵であった。坪尻駅。

列車内から撮影。坪尻駅を発車した列車が坪尻トンネルへ潜ると、過ぎる車窓に木造駅舎が遠くなる。

駅前のログハウスから湖上のホームと旧線跡を望む。井川行きが到着した。
奥大井湖上駅。

道路はおろか人里からも遠い山中の駅は春の訪れが近くまで来ていた。
尾盛駅ホーム。

セスナ機から空撮。望遠レンズでアプト式機関車の切り離し作業を捉える。
アプトいちしろ駅。

セスナ機から空撮。只見線郷戸駅の周囲は森か畑だが、上空からは森の先にも畑があると分かる。

セスナ機から空撮。北側から特急「いさぶろうしんぺい」の大畑駅到着を撮る。ホームは乗客達で賑わう。

秘境駅への旅

そこは、どんな場所なのか

吉永陽一
Yoshinaga Youichi

交通新聞社新書 173

秘境駅への旅――目次

序章

そもそも秘境駅とは何か

「秘境駅」。近年この言葉をよく耳にする。鉄道の旅には必要な要素となった秘境駅。この言葉は、アクセスや環境といった要素を加味したランキングは存在するが、少々抽象的で明確な定義は存在しない。そもそも秘境駅とは何だろうか。いつからこのジャンルは浸透し始めたのか。

源流を辿ると、到達が困難な駅を探訪するマニアックな旅へと行きつく。そのような駅を所澤秀樹氏や牛山隆信氏が「秘境駅」と呼称し、牛山氏が秘境駅を加点方法のランキング形式で紹介するウェブサイト『秘境駅へ行こう!』を立ち上げて、その名を世に知らしめた。同好の士から集まる情報や牛山氏の実地調査によって、秘境駅ランキングは充実し、やがて秘境駅の名は鉄道旅好きな人々に浸透し、鉄道会社自らが秘境駅の言葉を使用するまでに至った。秘境駅はテレビでも多く取り上げられ、一般的に広まったと言えよう。

かくいう私も鉄道旅を続けるうちに、多くの旅人と同じように、いつしか秘境駅という言葉を使いはじめた。ある小駅へ訪れたときは特段意識をしていなかったが、後になってあそこは秘境駅だったのではないかと思い返すこともあった。

秘境駅。南米アマゾンやアフリカの奥地を連想させる「秘境」の言葉を冠された駅は、映画『インディー・ジョーンズ』のように数々の罠や行く手を阻む密林の先にある駅ではない。秘境駅へは誰もが列車に乗れば訪問できる存在であり、鉄道会社や地元が設置して開業させた歴史を持ち、普段我々が利用する駅と同じ機能を持つ、至って普通の「駅」だ。

　駅は沿線の住人や鉄道会社にとって利便を良くするためであったり、町の発展を願ったりして開業させた。それがいま、アマゾンの奥地を連想させるような「秘境」の文字を冠されて、旅人から、メディアからもてはやされている。だが、駅を開業するときは、秘境にするために開業させたわけではない。「秘境駅」ともてはやされる現実は見方によっては、苦労して開業に漕ぎ着けた駅と地域に対して失礼ではなかろうか。私は旅を続けながらそんなことも感じてしまい、秘境駅へ行くことを目的とした旅に戸惑うときもあった。

　とはいえ、旅人の「現地の空気を感じたい欲求」に負け、結局訪れてしまうのだから、哀しい性とも言えようか。いや、ただ「秘境駅へ行く」行動に理由が欲しかっただけの気もするが……。

　私は提唱者の牛山氏の功績や、この言葉を作ってくれたことに大変感謝しており、「凄い偉業だ」と尊敬している。牛山氏も近著『追憶の秘境駅訪問記（２０２２年　天夢人発行）』で、秘境駅の定義は、〝産業が廃れて人々が去ったことで、なし崩し的に生まれた鉄道駅の形態〟と述べ、自身の暮らしの体験から、秘境駅と地域の抱える課題が浮き彫りとなったとも記している。

なるほど、と思う。ただなんとなく使い続けている言葉に漠然としたモヤモヤがあったのだが、そのモヤモヤの一端は牛山氏の指摘する「過疎化する地域と駅の課題」であり、「観光地でもない田舎に押し寄せて、物見遊山に耽《ふけ》る」ことだったのか。

旅人はなんだかんだ言いながら、結局は物見遊山である。所詮は彼の地で根を下ろさない存在であり、上辺だけ感じたことを咀嚼して去っていく存在だ。訪れた先で根を下ろし、地域と一体化した時点で、その人の旅は終わり、生活がはじまる。

秘境駅の言葉が浸透したいま、モヤモヤを少しでも解消すべく、あらためて旅に出てみよう。訪れた先では、過疎化の問題が浮き彫りとなっている駅もあれば、秘境駅となった経緯が多くの人に明らかな駅もある。結果的にそれらの事実をなぞるに留まり、異なる見解や新たな発見がなく、周知の事実たる駅の経緯を復習することになるかもしれない。だがそれがいい。自らの足で復習し、現地の空気に触れることで、「なんとなく秘境駅と知っているけれど、そもそもここはどういう場所なのか?」というモヤモヤが晴れてくる。秘境駅への旅は、自分自身の探求と考察の旅なのである。

私の足はさっそく糠南駅へと向かっていった。

第1章

秘境中の秘境駅を訪ねる

物置待合室の聖地　糠南駅

春を迎える道北は雪も解けつつあり、交通手段の遅延は真冬ほど心配せずとも、旅程は順調に進むだろう。目指すは幌延《ほろのべ》町の宗谷本線糠南《ぬかなん》駅。まだ降り立ったことのない駅だ。宗谷本線へ訪れるのも約15年ぶりである。

しかし、その見通しは甘かった。稚内へ向けて移動しようとした日、発達した低気圧によって季節はずれの雪模様となり、飛行機は欠航となってしまった。一転して翌日の天候は安定し、ANA機は欠航もせず稚内空港へと着陸する。今回、列車ではなく旅客機で渡道したのは、単純に私が飛行機も好きで、行ったことのない稚内空港を訪ねたかったのと、宗谷本線の列車本数も少ないゆえ、少し

糠南駅の全景。右手の畦道から分岐した砂利道が板張りホームへと結ぶ。物置待合室の前は、砂利道付近に木造の掘立小屋待合室があったという。

でも近場から糠南駅へ訪れようと考えた結果だった。出鼻を挫かれた気分であるが、遠方は何かありそうなので、稚内滞在を一日多めにしてよかった。雪は本当に侮れない。

翌朝の稚内駅始発列車に乗車する。久しぶりの稚内駅は激変して思わず目を丸くした。ホームに停車するキハ54形ディーゼルカーへ乗車すると、誰も乗っていない。私１人だけを乗せたキハ54形は朝靄をかき分け、目覚めたばかりの大地をひたすら南下していく。


宗谷本線は秘境駅と呼ばれる無人駅が点々と存在する。「最北の秘境駅」といわれる抜海《ばっかい》駅を筆頭に、幌延町でも下沼《しもぬま》、南幌延《みなみほろのべ》、雄信内《おのっぷない》と連続し、それ以外にも廃止となった駅がある。これは、ほとんど人が住んでいない、あるいは人口が減ったことが要因だ。かつて宗谷本線が開通したときは鉄道が頼みの交通機関であり、駅を中心にして集落や町が形成され、開拓のため入植した地に鉄道が結ばれることで賑わっていた。北海道は鉄道の開通によって人々が入植し、集落から街へと発展していった側面がある。宗谷本線の秘境駅の数々も、その昔は開拓とともに歩んできたのだ。

駅前が廃屋すら消えつつある雄信内駅を発車する。この駅は交換設備があって木造駅舎も残されており、秘境駅としても人気のある存在だ。ただ、今回目指すのは次の糠南駅。

雄信内駅で下車したらもう一日かかってしまうほど、普通列車の本数は少ない。下車したい気持ちを抑えて、まだ席から立たない。

下平トンネルを潜り、天塩《てしお》川の河岸ギリギリを線路が縫う。山肌と天塩川が迫る僅かな場所に線路がある。列車は減速しながら進み、再び速度を上げると糠南駅到着のアナウンスが流れた。

列車は他の駅の停車よりも、心持ち慎重に停車するように感じた。ホームは1両分もないほどの簡素な板張りで、スチール製の物置が鎮座する。板張りホームは古レールと板で組み合わせたもの。とりわけ北海道の鉄道では、地域住民の要望によって、国鉄が集落付近に仮乗降場という、駅未満の停車施設を設けた。正規の駅ではなく時刻表にも掲載されない「仮」の存在で、いつの間にか廃止となったものもあれば、姿形は変更せずに正規の駅へと昇格したものもある。

糠南駅は1955（昭和30）年に仮乗降場となって、1987（昭和62）年から駅へと昇格した。駅名は地域の旧名「ヌカナン」を漢字へと当て字にして命名したもので、地域はカタカナのヌカナンなのに対し、駅名だけが漢字の糠南を使用している。

乗る人はおらず、降りる人は私だけ。私が降りると列車は乗客ゼロとなり、キハ54形は

糠南駅に稚内行き列車がやってきた。写真右手方向が問寒別駅である。畦道を挟んだ右手は牧草地となっているが使用されているのだろうか。

ドアを閉め、エンジン音を高らかに発車する。過ぎ去って行く姿を目で追って気配が消えると、静寂が訪れた。糠南駅の周りはあぜ道と行き止まりの道路があるのみで、車が行き交う国道40号線も遠く、街どころか集落の家々すら見当たらない。目に止まるのは牧草地と干し草ロールだけ。いや、かなり遠くに牧場施設らしい屋根は確認できた。駅からは相当距離がある。

糠南駅は、板張りホームに何もない周辺環境が、旅人やファンから好評を博し、秘境駅ランキングでは上位をキープしている。またテレビでも秘境駅として取り上げられたため、より注目されることとなった。

そしてこの駅ならではの特徴は、ホームか

ら飛び出るようにして存在しているスチール物置だ。製造会社名のヨドコウ（淀川製鋼所）からヨド物置と呼ばれる、典型的な物置である。この物置の役割は、糠南駅のメンテナンス用具と保線工具が納められているのではない。我々駅利用者が休む待合室なのだ。待合室に物置とは唖然だが、中は真っ暗ではなくしっかりと窓がくり抜かれて立派なスライド式窓枠がついており、カスタマイズされていた。どうしてこのような物置なのか。話は前後するのだが、帰りがけに幌延町へ尋ね、このヨド物置について聞いてみたので、まず最初に経緯を記しておこう。

物置は『あぜくら』というブランドで、土台などは地域住民が設置し、幌延町がヨド物置を購入して設置した。製造番号等から１９８６（昭和61）年７月に製造された物とのこと。国鉄時代末期の設置である。

「『あぜくら』の販売形態は受注生産のようなもので、製造年月から１〜２ヶ月程度で発注者に納品されたと思われます」

と、役場の職員談。なるほど、受注生産ならば窓がついているのも頷ける。糠南スペシャルヨド物置というわけか。

物置待合室にはさらなるエピソードがある。秘境駅を紹介するテレビ番組で、雨ざらしや雪ざらしになってドアの立て付けが悪かった場面が放映され、その番組をたまたま視聴していたのが淀川製鋼所の社長だった。

「社の名折れだと、すぐに社員を派遣して現地確認し、何度か採寸等のため糠南駅を訪問されました。既に型落ちだったのか、現行品で対応できなかったものの無事修繕され、スムーズな開閉ができるようになりました。」（前出の職員）

淀川製鋼所の本社は大阪である。テレビを介して、遠く離れた地で偶然物置待合室の状態を知ることとなり、ドアが修繕された。秘境駅を取り巻く縁と言えよう。

さて、話を戻そう。ヨド物置のドアをご開帳。サーっとスムーズにドアが開いた。しっかりとメンテナンスされている証だ。ドアが開いた瞬間、「おお……」。思わず感嘆してしまう。見てくれが物置そのものだから中は雑然としている……のではなく、しっかりと整理整頓されているではないか。

まず目に留まったのは、通称〝P箱〟と言われる酒の通り箱（日本酒用×1、ビール用×3）4つ。これらが傘立てとなり、テーブルとなり、座布団を敷いた椅子となる。テーブルには『ザリガニの鳴くところ（ディーリア・オーエンズ著）』が無造作に置かれ、長い滞在時間を有意義に過ごすことができよう。

続いて除雪用のスコップ類。壁面には時刻表と連絡事項が掲げられている。それに、両サイドに開けられた窓があるおかげで、ドアを閉め切っても明るいし、窓は開閉可能だから換気も可能で空気は澱んでいない。そして来訪者が感想などを自由に書きこむ駅ノートの存在。さすがは人気の秘境駅だけあって、どの書き込みも「憧れの駅」や「〇度目の訪問」など、巡礼の旅がごとくやっと聖地へ訪れたときの重みを感じる書き込みがあり、ちょっとこの駅は軽い気分で訪れるような場所ではないぞと、畏怖の念を起こさせる。そう感じるのはやはり、このヨド物置の存在が大きい。

また糠南駅の物置待合室は存在そのものが人気となって、ゆるキャラ「ぬかにゃん」がデビューしている。秘境駅を多く抱える幌延町が、地域おこしに秘境駅を盛り上げた。背景には駅利用者減による廃止の危機という、必ずしも安寧な状況ではなかったことに起因する。結果として糠南駅の地元利用者はほぼいないが、ファンが遠方から駆けつける存在となった。

秘境駅がキャラクター化されることは、昨今のゆるキャラブームだけではない。人々の価値観がモノの消費ではなく、その存在そのものと一体化したい、享受したいという、憧

稚内発の始発列車が短いホームに停車するも、車体の半分以上がはみ出る。ドアは前方のみ開く。仮乗降場はこのようなスタイルが多かった。

板張りホームとヨドコウ『あぜくら』が糠南駅のシンボル。ドア開閉もスムーズで、美しく保たれていた。キハ54形は宗谷本線の顔だ。

れの表れとなってきたからだろうか。私も糠南駅の板張りホームと物置の存在が気になり、それに「何もない」という環境に触れたくて、羽田空港から旅客機でやってきたのだ。

さて、次の列車まであと3時間ある。何もないと言われているから食料は買い込んできたけれど、どうやって過ごそうか。早春の陽気で暖かくなり、物置に閉じこもるのも勿体ない。しばらく駅前を散策してみる。道路が一本、ヌカルんだ畦道が一本、立派な踏切が一基、あとは現役か放置されたか判断のつかない牧草地と干し草ロール多数、以上。

ほんとだ、何もない。

何もないかわりに、雪が解け出す水滴、鳥の囀《さえず》りが耳に入り、たまに草が揺れ動いて、ひょっとしたら小動物がいるのかもしれないと思わせる。目の前は線路と駅という人工的なものが鎮座するのだけど、人工的な音がほとんどしないのだ。昨日まで東京の雑踏にいた耳が鳥の合唱に聞き入っていると、だんだんと心中が穏やかになってくる。日々の生活で当たり前と思われてきたモノがなく、何もないのは不便であるけれど、それこそが旅人を誘《いざな》う大事な要素なのかもしれない。

時間が有り余ると、携帯電波が届くゆえスマホに没頭したくなる気持ちを抑え、いろいろ物思いに耽ってみる。ふと、なんでこの場所に駅を設けたのか気になって推理してみた。

先ほど列車の車窓から見た感じでは、雄信内駅を発車すると、下平トンネルを過ぎて天塩川と山肌に挟まれた狭隘地を線路が縫い、糠南駅へと至る。糠南駅の先は問寒別《といかんべつ》駅へと至るのだが、宗谷本線開通当初は雄信内駅と問寒別駅が上下線交換構造の駅で、その間には駅が存在しなかった。

線路沿いは平地部分が開拓によって牧草地となっており、入植者の利便性のために右記駅間には上雄信内と糠南、２箇所の仮乗降場を設置。仮乗降場は山と川の狭隘地には設置できず、その結果、雄信内駅と問寒別駅と程よい距離の平地部分に設置された……。そう感じるのである。ただ、糠南駅はなぜカーブの途中に駅を設置したのか判別しない。もう少し移動すれば直線区間があるが、勾配の関係なのかもしれない。宗谷本線の線路断面図では、糠南駅より問寒別駅寄りで10‰以下の勾配が続く。双方の仮乗降場は駅へと昇格されたものの、上雄信内駅は利用者数減少によって２００１年に廃止となった。

では糠南駅は利用者がいるのかというと、一日の平均乗降者数０人をキープし続けている。２０００年代に入るとＪＲ北海道から2度も廃止の打診があった。２０１９年にも同様の打診があり、このまま廃止まで時間の問題であったが、秘境駅を訪れる旅人が増えている状況から、幌延町が地域活性化の一環で秘境駅を盛り上げ、２０２１年から糠南駅などを町で管理し、駅の廃止は免れた。

糠南駅を地域活性化の一つにといっても、雰囲気を損なったら元も子もない。掃除や修繕を行いつつ、ありのままの姿を維持している。

面白い逸話がある。糠南駅が好きでたまらない旅人有志が集まって、真冬のホームと物置待合室でクリスマスパーティーを開催した。メディアが紹介し、幌延町も手助けをし、2022年も無事に開催できたという。待合室にはサンタさんの帽子がちょこんと置かれ、愛好者が集うひとときの賑わいを教えてくれた。

3時間はあっという間である。それも穏やかな陽気だったからなおさらだ。時には吹雪く日もあり、うだる暑さもある。四季折々、どんな気候でも、〝何もなさ〟を堪能するのが最良だ。帰りがけ、幌延町役場に立ち寄って駅の生い立ちなどを尋ねた。糠南駅設置に至った詳細な経緯は不明だが、地域住民の要望により設置された請願駅ではないかとのことだ。先ほどヒマで推理したことは、たぶん間違っていないだろう。

挨拶をし、別れ際に担当となった職員さんが言う。

「糠南駅はトイレ無い、食べるところ無い、何も無いです。が、時間だけはたくさんあります」

トンネルを出たらすぐ　白井海岸駅

昨今の新幹線網の発達により、都市部から遠いと思われる秘境駅も、日帰り圏内となるケースがある。三陸鉄道リアス線の白井海岸駅もその一つだ。白井海岸駅は秘境駅ランキング上位となる駅で、周囲には山々以外何もないという。

早朝に東京駅を発車する東北新幹線に乗車し、八戸駅で下車する。次いで八戸線へ乗り換えて久慈駅。少し時間をつぶして、三陸鉄道リアス線に乗り換えて目的地の白井海岸駅へ。とんとん拍子でディーゼルカーが運んでくれる。東京から白井海岸駅までは約７時間。長いようにも感じるがあっという間で、２回の乗り換えをすればいとも簡単に訪れることができる。新幹線網のおかげで一泊しようかと思った場所も日帰りできるのだから、日本は狭くなったものだ。もっとも、他の場所は立ち寄らずにトンボ帰りにならざるを得ず、三陸地方らしい体験をするには物足りない。

訪れた日は新幹線指定席や三陸鉄道なども乗れるＪＲ東日本のフリーパス期間だったため、２両編成のリアス線の列車は、観光客と鉄道ファンで立ち席が出るほどだ。列車はリアス式海岸に沿って南下して観光停車を繰り返し、人々は復興する三陸沿岸の光景に釘付けとなる。

長さ1,540mの第一白井トンネルの抗口とホームが同化するように隣接する。待合室に壁はないが、屋根も椅子もしっかりとしている。

長さ1540mの第一白井トンネルへと潜った。このトンネルを出たらすぐ白井海岸駅である。ワンマン運転なので最前方のドアで待機する。旅人が多いゆえに秘境駅へ降りる人もいるのではないかと車内を振り返ると、私の後ろにいるのはジャージを着た女子学生。どう見ても地元の学生である。

トンネルを出るとすぐ右手にホームが現れた。ドアが開いて下車すると、学生はスタスタと歩き去っていく。他に降りたものは私以外にいない。旅人たちが誰1人とも下車しないのは少し拍子抜けだった。フリーパスを片手に乗車する人々は、全線乗り通すのだろうか。今日もまたポツンと1人、秘境駅のホームへ立つ。

列車は、ホームの少し先で口を開ける第二白井トンネルへと吸い込まれていく。列車がいなくなった途端、川音が聞こえてきた。近くを流れる川だ。片面ホームはＰＣ橋脚の上にかかり、どうやらその真下に道路と川がある。振り返ると先ほど潜ってきた第一白井トンネルの口がポカンと開いている。ホームはトンネルギリギリまであって、その手前には６脚ほどのベンチと短い屋根。ここが待合スペースとなる。

ホームから望む限り、周囲は山々に囲まれており、人家は見当たらない。地図を見ると、少し離れた場所に普代村白井地区などの集落があり、そこまでは登り坂のようである。駅の目の前は山道の終点といった趣きで、駅前は自動車の転回所のようなスペースがあるのみ。あとはポツンと電柱一本。他は何もない。いや、あった。仮設トイレだ。トイレは仮設ながら掃除が行き届いてペーパーもある。無人駅によくあるようなワイルドな状態ではなく、定期的に掃除をしていて、それだけで嬉しくなる。

どなたが掃除されているのか気になって、旅の後に三陸鉄道へ尋ねると、沿線の無人駅では、掃除や花々の植栽など、地域の方々が駅を美しく保って大切にしており、三陸鉄道も大変感謝しているとのことだ。白井海岸駅の清掃も地元の方々が定期的に実施している。駅は地域の人にとって、いわば玄関のような存在である。美しく保つことで人々を迎え入れる気持ちが整う。なので、我々旅人は僅か一日も満たない来訪ではあるけれど、名も存じぬ地域の方々が掃除をなさっているのだと思い出し、汚さない心がけが大切だ。

ベンチに腰掛ける。トンネルからはまだディーゼルの排気がにおい、先ほどの列車の残り香が漂う。聞こえてくるのは川音のみ。この近くに白井海岸と漁港があるのだが、ホームの端からは、あまり海岸の開けた雰囲気が伝わってこない。徒歩数分らしいので後で散歩してみよう。ホームから見える山道は漁港まで通じている。川も漁港へと流れているようだ。次の列車まであと1時間半以上はある。

白井海岸駅は一日に上下列車12本ずつ、計24本も停車する。停車数は決して少ないほうではなく、列車での来訪は容易な部類である。駅の成り立ちは、三陸鉄道開業後に国鉄バスが大幅に減便したことによって、普代村からの請願駅として設置された。三陸鉄道調べでは、2022年度の年間利用者は2310人、一日あたり6・3人の利用者がいる。先ほどの学生もその1名だろう。駅が開業した頃は、中学校のスクールバスがなく、15人ほどの生徒が白井海岸駅から通っていたという。

道路も目の前にあって、陸の孤島ではないが、この駅が秘境駅たる理由は、家一軒もない山中の静かなロケーションであることだ。たまに走り去る自動車の音以外は自然界の音

駅前の道を下ると白井漁港へ至る。下り坂の途中、漁船が遺棄されていた。背後の高架橋には白井海岸駅のホームも架かっている。

だけが聞こえるのみ。自分の咳払いがこだましそうなほど、しん……と静まり返る。

しばらく何もせずベンチへ腰掛ける。早朝は通学通勤者でごっちゃになっていた山手線の駅にいたのに、いまは誰１人いないホームに佇む。喧騒を離れた先が家一軒すらない山の中の駅というのは極端であるが、心が安らいでくる気分になってきた。

ぼーっとしていると、様々なことを考え、ときには思い出す。日々利用するホームではたいていスマホか本に目を落とすが、６脚のベンチに腰掛けているとスマホを見てもどうしようもないと思ってくる。この〝何もない〟駅の空間とザザザーという川音がそうさせているのか。一種の環境音のように、だんだん

駅前は道路のみ。人の生活するにおいはしないが、山道を歩けば集落がある。宮古行きが到着しても乗降はゼロだった。

と心地よくなってくる。

ここにも駅ノートがある。パラパラとページを捲《めく》れば、「何もない」ことを楽しんでいる様子が散見できる。先ほどの学生のように毎日駅を利用する者にとっては退屈かもしれないが、旅人にとっては日々の垢を落としにきているようなものなので、この空間そのものが癒やしなのだ。

どれくらいぼーっとしていただろうか。少し歩いてみよう。猫の額ほどの駅前から山道を下る。頭上では直線の橋脚上に半分ホームがかかり、細い支柱で支えられている。か細いように見えるが、これで十分なのだろう。山道はくねくねと下っていき、前方が開けてきた。白井海岸だ。漁港に小さな漁船が10数隻係留されていた。白井海岸はウニの産地。そういえば、駅名標にキタムラサキウニの写真と「ウニの香り」の愛称が書かれていた。ウニの産地に倣って愛称が付けられたのか。とはいっても、売店はおろか民家もなく、ただ漁港があるのみである。産地ではあるけれども観光地化はしていない。

再び駅へ戻る。山あいに囲まれ、駅前は車２台分の僅かな敷地で、仮設トイレがポツンとあって、人家はおろか何かしらの建物すらない。あらためて確認する。うん、何もない。良いな。

「なんでここに駅をつくったんだ?」

理由は分かっているのだけれども、つい素朴な疑問を呟く。集落までは徒歩数十分を要し、最寄駅というには微妙な距離感である。三陸鉄道はリアス式海岸の複雑な地形をなるべくまっすぐに敷いたので、こうして駅と町が離れることもある。それに線路のほうが高台の家々よりも低い位置にあるので、どうしても高低差が生じてしまう。駅前に家々がないのは、地形的な要因もある。

やがて宮古行きの列車が第一白井トンネルを走る音が聞こえてきた。この列車に乗車して宮古へ行こうかと思ったが、その後の接続がタイトなので、久慈行きの列車で戻ることにした。宮古行きの列車も乗客が満載であったが、誰1人降りてこなかった。久慈行きも同じである。山の中にある駅から乗る旅人が珍しかったのか、デッキまで満員の乗客から一斉に視線を浴びて、少々恥ずかしい。

白井海岸駅へ訪れたのは2023年3月10日。翌日は東日本大震災から12年にあたる。帰りの列車では地元のおじさんがツアー旅行の女性に震災当日のことを話し、今年は13回忌だと聞こえてきた。ディーゼルカーのフロントガラスは小雨が当たり太陽が顔を出す。ふと海原を見ると、大きな虹がかかっていた。

山深い県境の駅　男鹿高原駅

都内から日帰り圏内で訪れられる秘境駅は、白井海岸駅のように新幹線網を駆使すれば範囲が広がる。だが、新幹線を使わず、東京都心部からふらっと日帰りが可能な秘境駅もある。栃木県と福島県境の栃木側にある野岩鉄道男鹿高原《おじかこうげん》駅だ。浅草駅ないし北千住駅から東武特急に揺られて鬼怒川温泉駅へ。野岩鉄道へ直通する普通電車に乗り換えて到着できる。訪れること自体はかなり楽に思える。

ただし、時刻表を開くとやや厄介なことが分かる。男鹿高原駅は特急の全列車が通過、

ホームの階段を上って通路の先を出たら森だった。駅前にあるのは林道と森。駅名標がなければ、ここが駅だと分からなくなる。林道の先は通行止め。

数少ない普通列車のみが停車する。都心部から列車1本で訪問できる、とはいかないようだ。さらに折り返しの列車も調べたところ、午前中に下車したら約6時間も滞在することとなり、一番効率よく巡るのは下り列車が到着する15時台となる。しかし、隣の会津高原尾瀬口駅で列車はすぐ折り返すため、滞在時間はわずか20分ほどと短い。それを逃すと19時台まで列車がやってこない。わずかな滞在時間で訪れるか、あえて1本逃して夜までぼーっとするか。選択に迷いながら車中の人となり、駅前の雰囲気で決めようと行き当たりばったりを決め込む。

実は過去に男鹿高原駅に行ったことがある。ドライブ中であった。この駅が秘境駅だと意識せず、なんとなしに山奥に駅があるとカーナビ画面で見つけ、国道121号線から分岐する道路を進んだ。付近は山王峠と、会津藩の横川関所があった場所。山の向こうは県境の山深い地だ。まばらだった人家は見当たらなくなった。

　車で進みながら「何もないな」と呟く。国道から分岐した道の先に男鹿高原駅はあるのだが、家が一軒もないのだ。山中へ分け入っていく林道の様相である。左手には「緊急用ヘリポート」と記された広場が視界に入る。山間部に突如として現れるヘリポートは、奥地へ物資を輸送する地点となっていることが多々あるが、この場所は緊急用で草ぼうぼうの野原状態だ。

　この先に駅なんかあるのか？　訝しながら車を進めると、突如として左手に変電所があって、その先に地下道の入口のような人工物が現れた。それが男鹿高原駅のエントランスであった。道路左手の斜面下にホームと線路があって、出入口は階段でホームと結ばれている。駅舎はない。この先の道路は未舗装となり、本格的な林道となって鎖で封鎖されている。なんなんだこの駅は……。何故こんな人っ子一人いない山深い県境に駅があるのか。疑問を抱えたまま、その後は会津へと抜けていったのだが、そういえばなんであんな場所に駅があるのだろう。それから数年の月日が経過した。

駅へと戻る途中で急いでいたが気になったので撮った1枚。どうしても駅前には見えなかったのだ。ホームへと降りる階段が辛うじて駅だと知らせている。

駅前の林道を振り返ると大きな水溜まりがあって、駅出入口の建屋が水面に鏡面となって映し出されていた。本当に自然以外何もない駅だと納得する光景。

新緑が深まってきたある日。昼前の渋谷駅から地下鉄半蔵門線に乗車し、北千住駅へ到着。東武鉄道の特急リバティけごんに乗り換え、下今市駅から普通列車へ。さらに鬼怒川温泉駅で乗り換えて、男鹿高原駅へ15：44に到着する行程を組む。探索にはもっと早い方がいいのだが、都心を早朝に出発すると、一旦特急リバティ会津で会津高原尾瀬口駅まで行き、折り返しの上り普通列車で下車。そこから約5時間半も待たないと、次の列車がやってこない。上下5本ずつの普通列車しか停車しないのだ。よって最短の滞在時間となれば、15：44着〜16：06発しかない。

おまけに訪れた日に限って、接続列車待ちのために会津高原尾瀬口行きの列車は5分遅れで走っている。折り返し時間は定刻だから、滞在時間が減ってしまうのは致し方ないこと。焦っても始まらないので、車内にて身を任せる。車両は野岩鉄道所属の6050系電車。今となっては懐かしくなってきたトイレ完備のボックス席普通車両を、しばし堪能しよう。

野岩鉄道は1986（昭和61）年に開業した第三セクター鉄道で、東武鉄道新藤原駅と会津鉄道会津高原尾瀬口駅間を結ぶ。この開業によって栃木・福島県境の山間部は鉄道で結ばれ、東京から会津若松方面のルートが誕生した。野岩鉄道は日本鉄道建設公団が建設し、山間部をいくつものトンネルで穿いて、極力直線的に建設した。路盤はしっかりとしていて、6050系はトンネルを次々と潜りながら速度を上げる。ボックス席に深く腰を下ろしながら快走する列車に身を委ねる。路盤がしっかりしていて揺れも少なく、心地よい。

上三依塩原温泉口《かみみよりしおばらおんせんぐち》駅を発車。次が目的地の男鹿高原駅である。山間を縫いながらしばらく走行していると減速を始めた。いよいよ男鹿高原駅へ停車だ。下車客は他にいない。列車はすぐにドアを閉めて発車していく。ホームは片面1本のみ。堀割というよりも山の斜面にホームがあって、コンクリートで固められた擁壁のような崖が聳《そび》えている。

列車が去れば人工的な音は消え、自然界が奏でる音階にホームが包まれる。「ジーッ」という虫の鳴き声、鳥の囀り、新緑から夏へと装いが変化しつつある自然を、ホームから堪能できて気持ちが良い。上り列車を1本見送って19時台の列車で帰ろうかと思ったが、空を見上げると天候が怪しげになってきたため、トンボ帰りと決めた。

ホーム屋根は先頭車両部分にあって、小さめの待合室も配置されている。野岩鉄道開業と同じ年月に開業したため、ホーム屋根の支柱、待合室の素材は現代風の機能的な構造だ。待合室内には訪問者向け駅ノートが備わっている。ページをめくって読みたいところだが、新藤原行きはやがて到着する。さっさと駅の外へ出て外観と周辺を散策しよう。

階段を上れば、切り立った崖の上へと出られる。踊り場は簡素な構造で、その先の出入口部分からは、深い緑が目に飛び込んできた。一度訪れているので免疫ができているが、初見で下車すると、森以外何もないことにただただ唖然とすることだろう。一歩外へ出た途端、林道が待ち受けているのみ。「男鹿山国有林」と記された看板が立つ。出入口から向かって左方向は、ゲートのしまっているダート道。一段下の線路は、迫りつつある山肌へと吸い込まれるように「山王トンネル」が口を開けている。

「何もない……」何度独り言を呟いたか。あと10分以内に周辺を散策しないと乗り遅れる。ゲートを背にして舗装された駅前の林道を歩き、すぐに野岩鉄道の男鹿発電所が現れる。まさかこの変電所のために駅を開業したのか？　と脳裏を過ったが違うような気がする。

列車が来るまで、残り7分。

変電所からさらに歩みを進めるとすぐに開け、緊急用ヘリポートが現れた。車で来た時に目印となった広場である。多少は開けているとはいえ家らしき建物は無く、何も建築物が現れないというのも不安要素の一つ。迫り来る時間の中でも、気になることはついつい考えてしまう。残り5分を切った。

探索はここまで。これ以上時間がかかると乗り遅れてしまう。早歩きで駅へと戻る。駅へと向かっているはずなのに、道路以外何もない光景は不安が増してくる。と、駅の出入口と階段部分が見えた。安堵する。残り2分。

ちょうど階段を下りてホームへ到着した時、山王トンネルが前照灯で反射して明るくなる。ジャストだ。これ以上遅れていたら19時コースとなっていた。

新藤原行きの列車に乗り込む。思わぬ乗車に驚きを隠せない乗客がいる。周囲に何もない駅から、人が乗り込んでくるのだから、それは驚くことだろう。列車は先ほどと同じ車両である。空いているボックス席に腰をかけると車掌が訪れ、切符を購入する。男鹿高原駅には券売機は設置しておらず、ましてや野岩鉄道はＩＣカードに対応していない。車掌に「新藤原まで1枚」と伝える。

何もない駅から乗車する1名（私）。根本的な謎として、何故あのような場所に駅を計画し開業したのか。その理由は帰宅後に調査して判明した。野岩鉄道建設段階で、県境地帯にスキー場が計画され、最寄駅を設置する予定だった。スキー場建設は実際の積雪量やアクセス道路の建設整備などが理由で立ち消えとなったものの、駅が先行して開業したため、結果として何もない空間にポツンと誕生したのである。

スキー場が開業していれば、都心からアクセスしやすい場所として、駅はスキーヤーで溢れ、駅前も切り開かれていたかもしれない。が、現実は人家がなく、国道からも離れていて、何もない。よって、駅の管理もさぞかし大変なことは想像に難くない。野岩鉄道へ尋ねてみると、「夏季は虫の対応、冬季は除雪に苦慮している」とのことだ。

夏は虫の死骸清掃。列車のドア開閉時における虫の侵入で乗務員が対応せねばならない。駅の掃除は地元ボランティアの方に手伝っていただいているという。冬は除雪。まず駅へ至る道路を除雪してからホームの除雪作業となるため、とても労力がかかる。とくに冬季は経費もかかるため切実である。県境の山深い何もない駅は、季節ならではの悩みと労苦を伴いながらも通年営業し、いつ訪れるか分からない利用者を出迎えている。

滞在時間20分未満。秘境駅へ訪れるには時間が足りないが、手頃に何もなさを味わうならば15時台がベターである。短い滞在時間であっても、県境の山奥にポツンと佇む駅の雰囲気は十分に味わえる。もちろん、6時間滞在したら思う存分堪能できる。あとは天候次第か。スキー場が頓挫したために、駅だけがポツンと営業する。その理由を知ると少々寂しい気もするが、ホームから一歩外へ出たときの何もなさは、もう一度体験しに行きたいほど清々しい。

ケーブルカーの秘境駅　霞ヶ丘駅

近鉄霞ヶ丘駅。こう聞くと、開発された丘陵地帯を覆うように集合住宅や一戸建てが理路整然と並び、シンプルな構造の駅が玄関口、と連想する。〝なんとかヶ丘〟とつく駅は、郊外の丘陵や谷戸地形を宅地開発して誕生したパターンが多い。霞ヶ丘駅もその一つかと思ったが、路線名が生駒ケーブルなのである。

おや、宅地開発されたところにケーブルカー路線？　と思う。生駒ケーブルは生駒駅で接続する、宝山寺線（鳥居前〜宝山寺間）、宝山寺駅から伸びる山上線（宝山寺〜生駒山上）の二路線があり、ケーブルカー同士で乗り換えのある稀有な路線だ。さらに宝山寺線は、日本初のケーブルカー路線として1918（大正7）年に開業し、開業日の8月29日は

「ケーブルカーの日」に制定された、始祖である。

日本最古の宝山寺線は面白い。たいていは単線なのに、ここは1号線・2号線と複線構造で、途中には歩行者用と車が通れる踏切がある。1号線は犬猫をイメージしたデザインの可愛らしい車両、2号線は日本最古の営業用車両が担っている。かなり個性的だ。

沿線も独特だ。生駒山腹の宅地開発によって、沿線は森ではなく急斜面の住宅地で、山ではなく住宅地を上り下りしている感覚になる。なるほど、それで霞ヶ丘駅という途中駅があるのか。なんだ、秘境駅とはかけ離れた存在じゃないか。

……いや、違う。霞ヶ丘駅は宝山寺線にはない。そもそも途中駅がない。ではどこに？　山上線である。山上線は1929（昭和4）年に開業した路線で、梅屋敷と霞ヶ丘の途中駅が存在する。ということは、山上線の霞ヶ丘駅も宝山寺線と同じように宅地開発がされているのか。

……いや、これも違う。山上線は木々が覆い茂る山腹を上り下りする、典型的なケーブルカーらしい路線なのである。当然、住宅地は皆無だ。そうか、霞ヶ丘駅は宅地開発を予定してつけられた駅名で、駅前は山の斜面に開発を諦めた痕跡があるのかと、廃墟好き傾向の思考が活発となってイメージしたが、全く違う。ネットで調べれば一目瞭然なのだが、それは野暮というもので、ワクワク感を胸に平日の午後、駅を訪ねてみた。

「次は霞ヶ丘駅です」

放送とともに、メルヘンな装いの車両は速度を落とす。ケーブルカーは山頂の巻上げ機で動きを操作し、車両は太いケーブルで繋がれているため、巻上げ機の操作で速度が落ちる。停車する際もケーブルの弾性が働いて、ビヨーンと伸び縮みするように小刻みに揺れて停車する。ドアが開いた。斜面のホームは段差となって、目の前は森。屋根はなく、年季の入った緑色の手摺が保護色となっている。

ざわり。

車内の人が「あの人、降りたよ」と目線を送ってくる。男性係員が慌てて降りてきて「すいません、切符を回収します!」と呼びかける。よもや下車するとは思っていなかったのか、係員も驚いた様子。無理もない。駅は森の中に存在するのだ。駅を降りてまず思ったこと、えらいところに来てしまったなぁ。

車両が登って去っていく。鳥の囀り、チョロチョロと水が流れ、葉が擦れあう音。ああ、ここは森の中だ。緑の匂いが体に染み込んでくる。森に囲まれた駅というのは、秘境駅の中でもオーソドックスな存在だ。それが、都会から1時間もせずに訪れられるのはそうそうない。近鉄大阪上本町駅からは生駒駅で乗り換えて最短46分（2023年現在）。生駒駅は大阪メトロ中央線の電車も乗り入れ、大阪市内からはアクセスしやすい。生駒駅と生駒ケーブル鳥居前駅はすぐ目の前なので、利便性の高い秘境駅とは変な表現だが、霞ヶ丘駅へはすぐ行けるのだ。

ホームを振り返る。おおこれは！　山腹の木々の合間から生駒市内の街並みが一望できるビュースポットだ。予期せぬ光景に息を飲み、行儀が悪いと思いつつも階段状のホームに腰掛け、しばし景色に見とれる。ホームが階段状なのも面白い構造だ。ケーブルカーは乗り場も急坂のため、階段状となっている。ホーム端の勾配表には「303」の数字が振ってあった。303‰。相当な勾配である。

さて、いつまでも眼下の景色に見とれていると日が暮れてしまう。階段状のホームへ上ると、すぐ踏切がある。森の中に踏切。なんだろう、心がざわつく。踏切が必要な道があるということだよね、この山中に。そろりと歩みを進める。あ、小道だ。右を見やると、コンクリートで固められた小道が森へと消えている。

左は、道がない。あ、ある。獣道の様相を呈した登山道が。その先には幹を90度曲げた苔むした樹木がこちらを手招いている、ように見える。まるでグリム童話に出てくる怖い木が「こっちへおいで……」と手招きするように。誘われるように足はそっちへ向かう。踏切から続く道が登山道へと変貌し、仄暗い森へと誘う。曲がった幹の樹木を横目にして、登山道を少し歩いて振り返る。遠景には駅の手摺りとオレンジ色の後方確認ミラーが望めた。その手前は暗部へとグラデーションになっていく鬱蒼とした森の風景。あちらとこちらと世界が異なる。少し背中が寒くなってきた。駅のすぐ目の前が仄暗い森。踏切のある小道は、左右の光景があまりに違う世界だ。

森をそそくさと出て、多少文明を感じさせるコンクリート道を行く。と、その前に踏切。「うごくロープにちゅうい!!」地面に書かれた注意書きが、いかにもケーブルカーらしい。レールの間には車両を吊る太いケーブルが這《は》っている。踏切板はケーブル部分が掻き取ってあり、よく見て渡らないとつまずいてしまう。意識的に大股で渡ろうにも、３０３‰の勾配上にある踏切は斜め角度であり、バランスを崩すと転けそうになる。慎重な足取りで渡る踏切もそうそうない。渡り終えて一息入れる。

ケーブルカーの踏切は初めて渡った。一般的な踏切と異なるのはケーブルが這うこと、やけに勾配がついて渡りづらいことで、全体的な構造は普通の踏切である。ただちょっと気になったので、後日あらためて近鉄のケーブルカー担当者に取材した。宝山寺線と山上

写真の大きさから見えづらいが踏切板の中心部にはケーブルがある。動き出したら接触しないよう、注意深く下を見て移動するように。

線にある踏切は、普通の踏切と同じメンテナンスを施しているが、踏切関連の機器交換となれば、人力で登山するか、ケーブルカーに載せるかして運搬せねばならず、その点が苦慮しているとのことだ。とくに霞ヶ丘駅の踏切は車も近くまで入ってこられず、機器交換の際は相当難儀するはずだ。

コンクリート道を歩いていくと、100mほどで舗装された登山道へと出た。生駒山頂と麓方面を結ぶメインの登山道だ。先ほどの道と雲泥の差である。目の前は民家のあった痕跡があり、ここに人が住んでいたのかもしれない。登山道からは仄暗さがなく、開けた印象だ。駅の左右でこんなにも光景が異なるものなのか。この一帯はただの森の中ではなさそうだ。

再び戻り、しばし森の中のホームと踏切を眺める。どうしてここに駅をつくったのか、単純な疑問が浮かぶ。実際のところは、記録が残っていないため不明であるが、山上線は梅屋敷駅と同じ距離に霞ヶ丘駅がある。日本のケーブルカーは、井戸の釣瓶のようにケーブルで結ばれた2両の車両が上り下りする「交走式」を採用しており、どちらかが途中で停車すれば片方も停車せざるを得ない。麓側の梅屋敷駅は宝山寺の最寄りで、住居が点在する場所にあって乗降もある。そこに停車させるため、山頂側の何もない山中にも霞ヶ丘

仄暗い山道側から踏切を覗き込む。山上駅へと昇るケーブルカーが停車。一人の乗客が下車して荷物を置く。近くに住んでいるらしい。

駅を設けたといえよう。

ホームは屋根がないから、生駒市の絶景と周囲の森が３６０度で楽しめ、清々しい気分である。そのぶん、雨が降ったら逃げ場がないのだけど、そのときはそのときだ。

コンクリート道から女性の声が近づいてきた。「あった、あった」とハイカーの女性達が４人現れた。挨拶をすると、山頂から下山中に疲れたので、霞ヶ丘駅の標識を頼りに来たという。標識は半信半疑であったものの、実際に駅が現れてびっくりしたそうだ。

霞ヶ丘駅は日常的な利用者はいないが、たまにハイカーの利用者がある。予期せぬ駅との出会いに喜ぶ皆さんは、〝たまに現れる利用者〟のうちだろう。女性達で一気に賑やかとなったホーム。やがて下りる便が到着して乗り込んでいく。車内は生駒山頂の遊園地などで遊んだ人々で満員であった。

ホームの先は、しばらく下りたところに上下車両の交換設備がある。今度はものの数分で生駒山頂行きが登ってくる。音符を描いた可愛らしい車両がゆっくりと停車。誰も降りてこないだろうと見ていたら、外国人の男性が１人、荷物をぞろぞろとおろす。またもや予想外の駅利用者が！　一度も人と出会わないだろうと予期していたが、立て続けに人々の動きがあって、森の中の駅は少なからず利用者がいるのだと分かった。

男性の持つ荷物がキャンプ用品、つまりどこかで野宿するようなものではなく生活物資に見えたので、「ひょっとして近くに住んでいるんですか?」と、不躾ながら尋ねてみた。男性は「はい、住んでいます」とニコッと笑顔。彼は荷物を運んでおり、それ以上は聞かなかったが、この辺に住居があるのか。意外な答えに驚く。男性はコンクリート道の奥へと消えていった。

再び訪れる静寂だ。次の便で帰ろうか。ケーブルカーは〝列車〟という表現で合っているのか〝車両〟なのかなどと、どうでもいいことを考えていると、レールの間のケーブルが動き出した。発車だ。まだ到着時間ではないのに? そうか、ホームの注意書きに「直行は通過します」とあった。直行便の通過か。

ケーブルが動き出しても、車両が下ってくるまで時間がかかる。踏切はまだ鳴らない。踏切板の中央部分で速く動くケーブル。「ロープにちゅうい!!」の注意書きの意味がジワリと伝わってくる。警報器が鳴り、ゆっくりと車両が通過していく。駅を通過するケーブルカー、なんと新鮮な光景か。釣瓶方式なので、片方が通過すればもう片方も通過せざるを得ない。やがて登りも通過していった。

この後にやってくる車両はちゃんと停車する。置いてけぼりで今日の運行終了となったら、山道を下山せねばならぬ。ちゃんと時刻表で事前確認するのはどんな駅でも、ましてや秘境駅では必須事項である。霞ヶ丘駅で遭難することはなさそうだけど、ここだって夜になれば暗黒の森である。

生駒ケーブルは、正月の宝山寺初詣、大型連休や休日は山頂の遊園地へ訪れる人々で賑わう。おそらく霞ヶ丘駅はほとんど利用者がいないとはいえ、ハイカーの多い季節は今日の出会いのように、多少利用者がいることだろう。森の中で何もない駅は全く存在価値が無いわけではなく、いつか訪れる誰かの役に立っている。

帰りの便がやってきた。遊園地帰りの親子連れで満員。意外な乗客に、車内の視線が一斉に向けられる。やっぱり、霞ヶ丘駅を乗り降りするのは珍しいことなのかもしれない。

スイッチバック構造が残る　新改駅

ＪＲ四国の路線には、勾配部分を列車がジグザグに走るスイッチバック構造の土讃線坪尻駅と新改《しんがい》駅が存在し、どちらも秘境駅として名高い存在である。

土讃線は香川県多度津駅から高知県窪川駅へ至る幹線で、讃岐山脈と四国山地を縦断し、谷深い吉野川に沿い、大歩危・小歩危の景勝地を通る。線路は多度津駅〜琴平駅間を除き単線非電化であり、戦前に讃岐山脈と四国山地の二箇所の山越え区間において輸送力増強を図るため、スイッチバック構造の信号場を設置した。信号場は駅へと昇格し、坪尻駅と新改駅となった。

坪尻駅は香川県と徳島県境の讃岐山脈、新改駅は高知県北側の四国山地に位置する。共に一日平均乗降数が1人以下であり、アクセスする道路は坪尻駅が存在せず、新改駅はか細い山道。駅は「どうしてこんなところにあるの？」と思ってしまうほど人里離れた山中にポツンとあって、秘境駅の代名詞と言える存在となっている。

土讃線は夜間の特急列車で走破したことはあるが、日中は初めてだ。鉄道に詳しい人ならばピンとこようが、鉄道旅のセオリーとしては起点から下り列車で旅をするもの。となれば、坪尻駅のほうが先に訪れる。が、私は新改駅を先に訪れた。自分が天邪鬼な性格ゆえに、土讃線を下り列車ではなく上り列車で行こうと思い立ったのだが、他にも理由があって、新改駅は坪尻駅よりも停車本数が1本少なく、下りも上りも3本ずつ。上り列車においては、新改駅へ停車する〝始発〟が13：53着なのだ。昼過ぎの列車が始発というのは面白い。なお、下り列車の始発は6：58着と、時間が離れすぎて極端である。

昼過ぎに到着する始発列車に揺られる。妙な感覚である。線路は土佐山田駅から上り勾配が続き、ディーゼルカーのエンジンは唸りっぱなし。急坂に弱い蒸気機関車の時代はかなりな難所であっただろうなと想像する。この勾配区間の途上に上下線を交換する信号場を設置したとき、少しでも平坦な場所を確保するためスイッチバック方式を採用したのも頷ける。

エンジン音は一段と唸り、速度も落ちる。勾配は25‰だ。前方に信号機が二つ並び、右手から線路が現れる。スイッチバックの引上《ひきあ》げ線（待避線）である。シーサスクロッシングポイントとよばれる４つの分岐器が平面交差するポイントを渡る。前方の本線はそのまま勾配を登っていき、この列車は左側の線路へと渡る。左へ逸れながら山肌へと突き進むと、片面ホームと駅舎が見えた。

降りる人は他にいない。車内の人々が向ける「この人、ここで降りるのか？」という視線が集まる。この駅は前述した通り、平均乗降者数が１人以下。駅は新改地区からかなり離れており、下車客は地元利用者よりも、もっぱら旅人である。前方の線路を見やると、山の斜面でぷっつりと途切れている。駅名標は隣駅を表示しているのに前方は行き止まりと、なんともチグハグな光景である。

ホーム部分は一部だけ嵩上げされている。２０１０年３月に乗降する箇所を嵩上げ改修した。普通列車は1両の単行が半数、2両や3両編成が半数あって、ホームには車両数によって停車位置表記が立つ。国鉄時代はもっと長い編成の列車が停車していたはずだ。その頃と比べると、短い編成で済む現在の輸送量に寂しさを感じるものの、まだスイッチバック方式で駅が残されていること自体が嬉しい。時間帯によっては、普通列車は特急列車の通過待ちを行うため、上下列車の交換と通過という信号場としての役割を、いまも受け継いでいるのである。

列車はすぐには発車しない。運転士が後方確認をし、ドアを閉め、ブレーキハンドルを外して後方の運転台へと移動する。そして再び運転開始の作業を行い、列車は動き出すのだ。スローな動作ではないけれども、列車が勾配を駆け上ってきて、ふぅ〜っと一息ついている気分に見えてくる。

発車。ホームの先に見えるのは、先ほど渡ってきたポイントで、列車は引上げ線へと入って停止。再度運転士が移動して出発。今度は勾配を駆け上って去っていった。以前は車掌が後方を注視してバック運転をしていたが、現在では運転士が運転台を行ったり来たりする。

列車が去ると、新改駅は本当に自然の真っ只中にあるのだなと実感させられる。いろいろな鳥の囀りに混じってウグイスの音色が聞こえてきて、心が春めいてくる。芽吹いたば

下り高知行きの列車は15:28から5分間停車し、上り特急列車の通過待ちをする。特急列車の走るところが本線と引上げ線の分岐地点。

新改駅舎の玄関。昔は扉があったのかもしれないが、今はオープンスタイルとなっている。出札口の先がすぐホームである。

かりの木々は麗しく、土と緑の匂いが心地よい。白い壁面の駅舎とホームは本線と離れた位置にあって、山中の森林に囲まれており、一見すると線路がとぎれて終着駅なのかと感じる。が、数十分して通過していく特急列車の走行音を聞くと、ここがスイッチバックの途中にあるのだと再認識する。

ただ1人、駅舎に佇む。木造平屋建ての駅舎は、開業以来からのものを改装しているそうだが、実際はどうなのだろう。1935（昭和10）年の信号場開設時か、1947（昭和22）年の駅への昇格時に建築されたものかは判明しなかったが、駅務室と待合室があるだけのシンプルな建物である。1970年と1988年に修繕を行い、2012年に塗装工事を施したとのこと（JR四国談）。修繕によって外壁は変化しているが、平屋建て三角屋根の構造からして木造駅舎と推理し、少なくとも半世紀以上は活躍していると思われる。

内部は掃除道具が整頓され、新改駅を愛するボランティアの方が駅の管理をしているようで、管理用ノートがあった。新改駅は無人化となったものの、秘境駅として旅人に愛され、ボランティアが時おり掃除やメンテナンスをしている。誰も何もしなければ荒れるに任せてしまうが、駅を大事にして旅人を受け入れてくれるのは非常に嬉しい。自然と背筋がピンとなる思いだ。やはり掃除は大事だ。旅にゴミ袋は必携である。

駅前には切符を販売する商店があったそうだが、わずかな空き地があるのみ。駅前は人が去ってから久しい。駅名の由来となった土佐山田町新改地区は徒歩で1時間以上もかかり、最寄駅とは言い難い距離。駅舎へ至るのは車一台分の山道であり、ここへ通うのはかなり骨が折れるだろう。

下り普通列車が現れた。といっても先に引上げ線へ突っ込んでから、こちらへやってくる。15：28に到着し、上り通過列車を見送ったあとに発車する列車だ。時刻が詳しく分かるのも、通過列車の時刻が駅舎内に掲示されているから。これは鉄道ファン向けではなく駅利用者への案内と安全周知のためであるが、ホームから遠目に通過列車を見送れるから便利だ。この通過時刻表からは、平均して1時間に1本は特急列車が通過することが分かり、土讃線が特急街道なんだなと認識されるとともに、普通列車でも通過するタイプがあって、この駅が今や脇役となっているのが窺い知れる。

到着した列車から男性が1人降りてきた。挨拶をすると、やっとのことで新改駅へ訪れることができたと喜ぶ。停車する列車が3本ずつだと、時刻表と睨めっこをしながらプランを練らないと、旅の途中に訪れるのが難しい。私は一日に1駅と決めてスローに巡ってい

駅前から新改駅駅舎を見る。壁面はリフォームされているものの木造駅舎の構造だと分かる。駅前はご覧のとおり何もない森の中である。

ホームから望む線路の終端部分。この光景だと終端駅かと思ってしまうが途中駅である。構内は6両ほど停車できそうな長さがある。

るから余裕があるのであって、数カ所立ち寄るならば途中下車は困難だ。この列車で降りれば、約１時間後の折り返し列車に乗車でき、比較的効率的に巡ることができる。駅に降りることがそこまで嬉しいのか。常人には理解しがたいだろうが、その気持ちは心の底から頷ける。マチュピチュへ訪れるのと同じような歓喜なのだ。マチュピチュへ行ったことはないけど。

なお新改駅の線路構造上、土佐山田駅からの上り列車では最初に駅へ停車後、引上げ線で折り返して進行する。よって駅の停車と引上げ線を体験したければ、下り列車↓上り列車の往復か、私みたいに何時間も待って同方向の列車に乗るかである。

何もない空間はかなり暇で、いままでの人生について、じっと思い返すこともしばしば。深く悩むことがあれば、新改駅のような何もない駅で一日中佇む旅も良い。もっとも、思いつめて苦しくなるのならば、やめたほうがいいが……。

男性としばし会話を楽しみつつ、駅を観察。すると、今度はバイクの音が近づいてきた。駅ノートにはライダーの書き込みもあって、ツーリングついでに訪れる人もいるそうだが、その１人だろうか。バイクから降りた青年は、まず私たちを見て驚いた様子。先ほど列車から降りた男性も、私を見て驚いた様子で、我々３人は口を揃えてこう言った。

「まさか、ここに人がいるなんて！」

青年は新改に住んでいる地元っ子だ。バイクを手にいれ、近くに駅があるらしいと聞いて訪ねてみたら、実際に駅があって「本当に駅があるんだと感動しました」。鉄道ファンや秘境駅ファンにとっては新改駅の存在は当たり前であるものの、一般の人々にはあまり知られていない。ましてや駅を使わなくなった地元では、なおさらその存在を知らない人もいておかしくはない。

平日の午後、3人がそれぞれの目的で誰もいない駅へ集まる。これも何かの縁かもしれない。少し気になっていたことがあって、青年になぜ「しんかい」ではなく「しんがい」と濁点なのか尋ねてみると、学校も川も地名もずっと前から「しんがい」だとのことだ。駅名の呼び方は地元の読みに倣ったわけだ。

しばし談笑が続く間に、ふと先ほどホームから廃屋が藪の中に見えたのを思い出し、3人でホームから眺めてみた。ちょっとした探検気分であったが、青年が「そういえばうちの裏も空き家ですよ」と、ずいぶん空き家が増えてきたと話す。

秘境駅に限らずだが、様々な地域で感じることは、空き家が多くなって過疎化が進行してきたことだ。いま目の前にある廃屋はどういう事情か存ぜぬが、新改駅の利用者が減ったのは自動車社会の定着と、人口減少が関係している。出会いと談笑の中にも時おりハッとすることがあって、車窓から見えないものが見えた気がした。駅利用者数の減少と空き家の増加、放棄された耕作地、廃屋。どれもリンクしている。ただ、旅人はどこまでその土地のことに立ち入っていいのだろうか、旅をしながら考える。たぶん、何千年も前から旅人たちが触れてきた悩みなのだ。いとも簡単には解決しない。

16：39。上り列車が到着する。長いようで短い時間。青年は、生まれて初めて見る地元の駅の光景に目を輝かせている。しきりにスマホで撮影するのは今風な光景である。まぁ、人のことは言えないけれど。

我々2人は青年と別れて列車へ乗車する。私は途中の阿波池田駅まで。道中しばらく話が弾む。とくに自己紹介はしなかった。旅人同士またどこかで会うことでしょう。旅とはそういうものである。

実質、早朝2本のみの停車　宗太郎駅

秘境駅は、容易く訪れることができなかったり、駅の周りに何もなかったりと、何かしらの不便が伴うのが〝魅力〟として感じる存在である。列車に揺られて訪ねるのだから簡

単に到達しそうなものだが、よくよく時刻表を見ると、その駅にはほとんどの列車が停まらないトラップもつきものだ。大分県と宮崎県の県境にあるＪＲ日豊本線宗太郎《そうたろう》駅は、まさに列車が停車しない駅である。

宗太郎。なんとも強烈な印象を覚える駅名である。初めてその名を聞く者は「そうたろう?」と聞き返す。その人はいったい誰？　と。ストレートな駅名はその昔、豊後国の岡藩が所有する山を洲本宗太郎という者が見回っていたことに因《ちな》む。その名が地名となったというのだ。一帯は九州山地の山また山の場所で、目立った高山は無いけれども、標高千m以下の山々が連なり、古来より宗太郎越えと呼ぶ峠があった。

日豊本線は北の佐伯と南の延岡から九州山地へと分け入り、宗太郎越え付近の鐙川に沿って敷設された。単線の線路は20‰の勾配が連続し、１９２３（大正12）年に県境の大分側に宗太郎信号場が設置され、上下列車の行き違い設備が山間部に整備された。信号場から駅へ昇格したのは１９４７（昭和22）年のことである。

日豊本線は九州の東側を結ぶ幹線であり、地域輸送の普通列車から都市間連絡の特急列車が行き交う。幹線だから普通列車はそれなりにあるだろうと時刻表をめくると、宗太郎駅のある佐伯駅〜延岡駅間を走破する列車はほぼ特急のみの運行なのである。普通列車は早朝の６時台に佐伯と延岡をそれぞれ発車する上下線各１本ずつ、それと、上り列車が20：07延岡発のみ。合計３本しか走らないのだ。この区間のうち宗太郎、市棚、北川、日向長井、北延岡の各駅が一日３本しか停車しない。

なんということだ。昼間は特急ばかりじゃないか。思わず時刻表の数字の羅列に文句を言いそうになるのを堪え、悩む。宗太郎駅へ訪れるのは容易ではない。先に列挙した駅々も列車本数だけで言ったら秘境駅の仲間に入りそうなものだけど、並行する国道10号線沿いで賑やかだったり、駅前が開けて町が形成されていたりと、あまり秘境感がない。

宗太郎駅も国道10号線が目と鼻の先で集落もあるのだが、この駅が秘境と呼ばれる理由は、ホームが山中にへばりついているようなロケーションに尽きる、と私は思う。もっとも、今回初めてこの駅へ訪れるので、秘境感溢れる環境と言い切れる説得力はゼロだが、数々の媒体に登場する写真を見て直観的にそう感じた。何よりワクワクするようなロケーションなのだ。

しかし、行きづらい。数時間に１本走る特急は停車しない。日中の普通列車は運行がない。では延岡に前泊するしかない。延岡駅を６：10に発車する佐伯行き上り列車に乗車し、宗太郎駅６：39。トンボ帰りで６：54発に乗車して延岡へ戻る。滞在時間が極端に短すぎて、駅探訪すらままならないが、その後は20：35佐伯行きまで停車しない。

　では佐伯発の下り列車は？　と思ったが、佐伯駅〜延岡駅間の下り列車は、驚くことに6：54発が始発であり終電なのだ。その後の列車が無いので延岡方面へは行かれず、延々と待ち続けて20：35発の佐伯行き列車で戻ることとなる。並走する国道はデマンドバスがあるようだが、鉄道のみで訪れるとなると、延岡前泊プランしか使えないのだ。

　早朝6時。日の出とともに延岡駅のホームで列車を待つ。南延岡始発の列車は4両編成であるが、後3両は締切回送扱い。どんな車両かと思えば、やってきたのは特急「にちりん」などに使用する787系特急電車である。特急型車両の普通列車は駅々を停車して駒を進める。市棚駅を発車。「次は宗太郎駅です」。初老の車掌の放送が車内に通る。立ち上がったのは他に若い男性が2名もいた。みな、旅人である。

　線路は山間を縫い、ポイントを通過して宗太郎駅へ停車。上下列車の乗り場が向かい合わせの相対式ホーム構造である。ドアが開くや、我々は一斉にホームへと降りる。秘境駅に複数人数が降りるのは、たとえ3人であってもかなり多い！

　お互いに言葉は交わさないが、ホームへ降りて行う行動は一緒で、駅名標と列車を絡めつつカメラに収め、出発していく列車を見送る。そして駅設備の観察、駅前の観察、駅周

2番ホームのベンチには旅人が置き始めたと思しきメッセージの書かれた小石が、ずらっと並んでいた。駅ノートは密閉ボックスの中にある。

早朝のホーム。この僅かな時間帯でなければ列車で訪れることができない。奥が佐伯方面。駅の周囲は山また山である。

辺の散策、対向ホームへ移動しての観察と、なるべく行動が重ならないよう、阿吽の呼吸でそれぞれが動く。本当はじっくりホームを観察したい。対向ホームへ向かう前に駅前をよく観察し、早朝の空気を深呼吸してぼーっとしたい。しかし、延岡へ戻る列車はもう十数分後にやってくる。

僅かな時間で駅前を観察する。まず駅舎は、基礎とラッチ（改札口）だけを残してとうに解体済み。駅舎の基礎部分から数段の階段を下ると、すぐ隣は民家。そして、ちょうど目の前には満開の桜。まだ朝日すら当たらぬ肌寒い日陰ではあるが、満開の淡い色味が目に飛び込んできて、気分が朗らかになってくる。これに駅舎があったら最高だ。かつてはどんな姿であっただろうかと、基礎の構造から駅舎のあった往時を想像するのも楽しい。

ぐるっと一周、集落を見やる。家は数えるほどだ。駅前の道を散策したい気分だが我慢して、反対側のホームへと移動する。跨線橋を渡って、文字の消え掛かった石碑が目に止まる。信号場が開設する前から宗太郎には集落があって、信号場から駅への昇格はここに住む人々の願いであった。晴れて駅となった記念にこの石碑が建立されたという。

ホームを歩くと池を見つけた。何やら生物が住んでいるようだ。その先にある待合室は、少々不思議な空間となっていた。石である。丸石にメッセージや絵が描かれてベンチに並んでいるのだ。石が積まれるといったら、皆がいつかは渡る〝あの川〟や恐山の石積みを連想してしまうが、微笑ましい絵やストレートなメッセージが記された丸石は、どこか愛嬌があって可愛らしい。たくさん並んでいるのでじっくりと見たいところではあるが、もう時間切れとなってしまった。ゴーっと遠くで鉄橋を渡る音が聞こえ、延岡行きの７８７系普通列車がスーッと現れて停車した。我々３人は次々に乗車し、あっという間の秘境駅探訪は終わったのだ。後ろ髪を強く引かれる思いで……。

「今は４軒しか住んでいないよ。昔はもっと住んでいたけど」

宗太郎駅前の畑で作業するおばあさんに「桜がきれいですね」と挨拶をすると、そう話してくれた。若い人は都市部へと出ていき、いまの集落はご老人ばかりが生活を営んでいるという。宗太郎駅は日差しもよく当たり、すっかりと春うららの陽気となっていた。

折り返しの列車で延岡駅へ到着した私は、もう一度レンタカーで宗太郎駅へ戻ってきた。秘境駅はどんなに行程が困難で宿泊数が増えても、まずは列車で訪れると決めているのだが、もう一度じっくりと観察したいときは、こうして自動車に頼ることもある。

「昔は朝７時台、９時台、昼、それと夕方と夜にあって、昼に乗って買い物して帰ってきた。今はもう車だよ。目の前の国道もバイパスができたから静かだね」

手を休めたおばあさんと話が弾み、列車が来るまで桜の下で話を聞いていた。駅舎は国鉄時代に解体し、桜だけが残された。停車本数は徐々に減り、2018年3月のダイヤ改正で下り列車が2本、上り列車が1本減って現在の停車本数となった。目の前の国道10号線もあまり交通量はない。宗太郎は鉄道だけでなく道路も静かだ。参考までに、JR発足時の1987(昭和62)年4月号の時刻表は、下り列車が7:02、9:01、15:29、17:23、19:46。上り列車が6:46、8:45、14:00、17:01、19:28であった。おばあさんが言う〝昔〟がいつを示すかによるが、36年前は朝、日中、夕方、夜の停車があった。

集落の玄関駅は、停車本数が減ることで、過疎化の実態を表している。いっぽうで、その静かな佇まいが秘境駅として注目を浴び、私のように遠方からふらっと訪れる者がいる。

宗太郎駅は幹線にある駅なので、列車の往来は適度にあって、全くといっていいほど列車が来ない駅ではない。それなのに旅人は、山間にへばりついたホームを降りて県境の山深さを望みながら、駅舎のあった場所に立ち、跨線橋から素朴な佇まいを見つめる。そういう「空気」に魅了されるからだろうか。

「今日は土曜日か、36が走る日だね。もうすぐ来る? 明日はななつ星も来るしね。」

おばあさんは、どことなくわくわくしているように感じた。36とはＪＲ九州がプロデュースするＤ＆Ｓ（デザイン＆ストーリー）列車と呼ぶ観光列車の一つで、「36ぷらす３」である。ななつ星は寝台クルーズトレイン「ななつ星ｉｎ九州」だ。秘境駅として名高い宗太郎駅の雰囲気を感じてもらおうと、ＪＲ九州が観光列車を停車させている。

やがて「36ぷらす３」の黒い車体が現れてゆっくりと停車した。停車時間は僅かなれども、乗客が20人ほど下車して駅を散策する。桜に気がついた人々が記念写真に収まる。普段は静まり返っている駅は、しばしの活況に溢れる。

僅かな時間でホームに溢れていた人々は、再び黒い車体へと乗り込み、跨線橋から発車を見送る。おばあさんはどこからか椅子を2脚用意して、夫婦揃って桜の木越しに「36ぷらす３」を見つめていた。テールライトが森の中へ消えると、再び静寂が戻ってくる。

さぁぁぁ……、一陣の風が吹く。桜の花びらが舞い、花吹雪となってホームを覆った。満開のピークは終わって、今度は新緑がホームを彩る。

今から思えば秘境駅　旧深名線北母子里駅での駅寝

もうとっくに廃止となって更地になってしまったが、北海道の旧・深名線北母子里《きたもしり》駅で人生初の「駅寝《えきね》」をした。北母子里駅は1941（昭和16）年の深名線開通に伴い開業し、アイヌ語の「モシリウンナイ」のモシリから転訛した。北とつくのは、たしか既に根室本線に同音の「茂尻」駅があったからだと記憶している。戦後すぐの米軍撮影空中写真には、転車台も確認できた。当駅で機関車の取り扱いがあったと推測できる。

北母子里駅の一帯は1978（昭和53）年冬に日本最寒記録マイナス41・2度を記録し、駅も極寒である。ゆえに極寒体験の駅寝をする猛者がいて、夏場でも駅寝に人気な駅であった。夏でも寒いから人生初の駅寝を体験しようと、当時高校生だった1994（平成6）年7月に訪れ、焦茶色の木目の木造駅舎で一夜を明かしたが寝袋すらなく、新聞紙で体を包んで朝を迎えた。夏なのに気温は10度くらいだったと思う。新聞紙は意外と暖かいと知ったが、ほぼ一睡もできなかった。

何かを追っかけようと突っ走っていた17歳の夏。深名線が廃止となり、通い詰めた撮影も最後となるため、2度目の駅寝を敢行した。今度は寝袋持参。その時の記録を自分用の私家本に克明に記録していた。恥ずかしいほど稚拙な文だが、読み返すと当時の事が思い出される。１９９５年7月14～15日である。要約する。

深川発の始発列車に乗り、北母子里駅へ到着。地元の青年と東大宮から来た鉄道ファンと3人で談笑したあと、周辺で撮影。駅へ戻ると、駅寝をする人が多いからか、蚊取り線香の臭いが駅舎内に残り、頭痛と吐き気に悩まされた。偶然保線職員が数名来駅中で、隣の天塩弥生駅との通信が悪いために調査中とのこと。控室となった駅事務室の部屋で休めと促されて休憩し、職員の帰宅後は再び待合室へ戻って、終列車後はベンチで寝袋に包まる。体長10㎝ほどの「でけぇ蛾（原文ママ）」に戦慄し、蚊取り線香の臭いに悩まされて一夜を明かした。

と、駅寝ライフを堪能していた。駅ノートもあり、実際に駅で寝る人は絶えなかったようだ。駅前は人家が点々として、決して密集していなかったのが印象的で、住む人が大変少ない地域だった。駅前の家から割り箸をいただいたのも、夜は蛙の大合唱だったことも思い出である。

この駅は駅寝して寒さを体感する認識で、当時は秘境駅という言葉がなかったので、人口の少ない地域のひっそりと佇む無人駅と見ていた。現在も深名線と北母子里駅が現役だったら、確実に秘境駅となっていたはずだ。というより、深名線そのものが秘境路線となっていたことだろう。何せ、深名線は「最後の国鉄路線」と鉄道ファンに呼ばれていたのだから……。

思い出深い木造駅舎は路線廃止後しばらく残っていたが解体され、電波塔が立つ。私家本には、幸いなことに北母子里駅の配置図を記録していた。当時の私は相当この駅に入れ込んだようだ。資料として掲載しよう。この駅を訪れた方にとっては遠い記憶が呼び起こされるかもしれない。

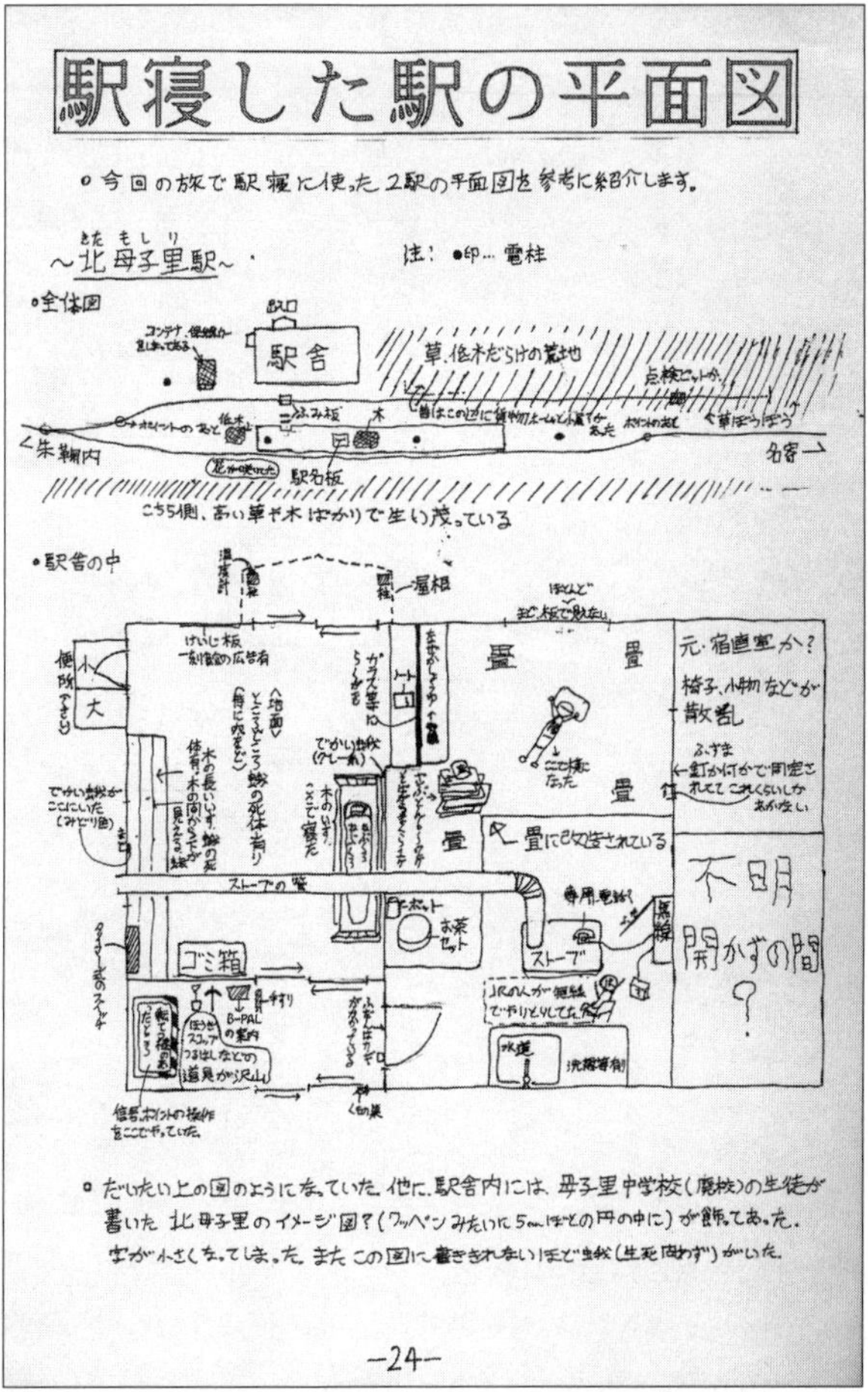

少々細かいのだが高校時代に描いた北母子里駅の見取り図。今から思えば細かく観察しておいて良かった。

第2章

特徴ある秘境駅を訪ねる

カッコいい駅名　毘沙門駅

　毘沙門天とは、七福神の神様の一柱である神で、ルーツを辿るとインド神話に行き着くという。五穀豊穣や家内安全などを授かる神として、古来より庶民に親しまれている。その神の名を冠した駅が、日本最北の民営鉄道、津軽鉄道にある。

　毘沙門駅。秘境駅として知る人ぞ知る存在で、なおかつインターネット総合ランキングサイト・gooランキングの「日本一かっこいい『駅の名前』」では、2022年に第一位となった。カッコいい駅名の秘境駅である。

　津軽鉄道は津軽平野の北側、JR五能線五所川原駅に隣接した津軽五所川原駅を起点として、太宰治の郷里の玄関口、金木駅を通

駅の全景。電信線の張られた昔ながらの電柱、鉄道林に覆われながら守られているホーム。待合室は立派だ。

り、十三湖に若干近い津軽中里駅へ至る。冬は客車を使用したストーブ列車が名物で、国内外から観光客が押し寄せる非電化私鉄だ。「津鉄」の愛称で親しまれている。

以前に津鉄へ訪れたとき、津軽五所川原駅で毘沙門の駅名を見て「なんだか強そうな名前だなぁ」と思いつつ、列車が駅へ到着すると、林の中にポツンと片側のホームがあるだけ。もっと立派な出で立ちを想像していたのでちょっと意外だった。駅名からして、毘沙門天から名付けられたとは想像がつく。とはいっても、駅の周りは林、グループホーム、踏切のみ。近くに毘沙門天を祀っていそうなお堂は見えなかった。

シンプルな無人駅だ。ホームは朽ちてもなく、待合室は綺麗に整っている。停車中の車内から観察した範囲では、グループホームが隣接するからか、そこまで秘境感は漂っていなかった。

では、2023年の初春にじっくり訪れてみようかと時刻表を手に取ると、この駅は準急やストーブ列車が通過扱い。津鉄は下り列車だと2駅先の金木駅で列車交換をするので、途中下車して20分少々待って上り列車に乗れば、ほどよい滞在で駅を散策できる。ただし、日中だとストーブ列車が通過していくから、1時間以上の滞在となる。

空気がキンと冷えた冬の朝。津軽五所川原7：06発の列車に乗車する。毘沙門駅停車の一番列車だ。オレンジ色のディーゼルカーは津軽飯詰駅を発車し、次の毘沙門までは少々長い駅間距離となる。線路は左手に津軽平野の田園、右手に津軽山地。平野と山地のはざまをいく。人家もまばらとなり、農地と雑木林が目立ってきた頃、毘沙門駅へ到着する。

私を降ろしたディーゼルカーはドアを閉め、ゆっくりと出発する。直線だからずっと遠くまで列車を見送っている。ああ、こういう光景のCMがあったよなぁ……。走行音が遠ざかると、木々の枝と枝が触れ合う音くらいしか聞こえない。静かだ。

降りたのは私1人。足元の雪にはいくつかの足跡が確認できたが、その上にうっすらと新雪が覆い、昨日今日のものではなさそう。それに小動物の足跡がくっきりとある。動物が多いのか？

毘沙門駅の一日の乗降数は1人。この数字は2021年度津軽鉄道調べで、年間乗降数は同年度508人だ。誰が利用しているかというと、地元のご老人のようである。その数字からも、普段から人が来ない駅だということが窺い知れよう。では、ピークはいつかというと、1975（昭和50）年のこと。一日39人、年間2万8505人利用していた。この数字には沿線の高校生、通勤者、近隣の家々からの利用者が多く含まれていた。年間と一日の利用者数の割合が合わない気もするが、何かしらの理由があるのだろう。

直線の線路にポツンと片側ホームがあって、背後はちょっとした林だ。右手はグループホームの建物があり、駅と家が近いような感覚。秘境駅＝深山幽谷というイメージであれば、この駅は秘境駅ではないだろう。しかしグループホーム以外の人家は遠く、人や車の気配はしないポツンと佇む駅舎の空気は、秘境駅の片鱗を見せている。それに毘沙門という駅名がどうしても気になってくる。近くに毘沙門天を祀っているわけでもないのに。

毘沙門駅は１９３１（昭和６）年６月19日に開業した。津鉄はその前年に開業しており、開業の翌年に駅ができたわけだ。昭和初期の農村不況打開策のため、入植者によって開拓された共栄集落があり、住民達の要望があって駅を開設した請願駅である。戦時中は不要不急として営業休止となったが、戦後は地元の要望によって再開業した。津鉄にはこうした請願駅が数カ所にあり、戦時中に休止して戦後もそのまま廃止となった駅もある。

では、駅名については「共栄」でもよいはずだが、一帯の名は毘沙門村だったので毘沙門駅となったのである。単純な理由だった。毘沙門村の中心は駅より西へ２㎞ほどにあり、江戸時代から明治中頃に嘉瀬村へ併合されたものの、村の中心には毘沙門堂があって、村が併合された後も駅名として今に残っているのである。毘沙門堂は明治時代の神仏分離によって鹿島神社となっているそうだ。

もうひとつ気になるのは、ホームの背後の林である。看板には「鉄道林」と説明があった。１９５６（昭和31）年に職員によって植樹され、地吹雪や強風から鉄道を守ってきたものだ。いまは駅を飲み込むほど成長……いや、鬱蒼《うっそう》と茂るからこそ、駅が秘境らしく演出されている。鉄道林が植樹される以前、この周囲は雑木林が燃料用などに伐採されて、木々が少なくなっていた。遮るものがないゆえに、冬季は強風の度、駅では雪が吹き溜まりとなり、その打開策として植樹されたのだ。

訪れた日は穏やかな冬であったが、津軽平野といえば地吹雪が有名で、これほどまで鬱蒼としていれば列車も駅も地吹雪から守ってくれるはずだ。駅の脇にある踏切から望むと、鉄道林が頼もしくもあり、でも駅を飲み込んでしまいそうなほど、ホームに迫り出して見える。そのうち駅が林の中へ消えてしまうんじゃないだろうかと、要らぬ心配をする。ＪＲでは国鉄時代から鉄道林が存在したものの、民営鉄道では津鉄だけが現存であり珍しいのだそうだ。

それにしても、待合室が美しい。中に入ると木の香りがたちこめ、駅の待合室というより、どこかの観光施設のような雰囲気がする。木の香りに包まれ、日頃のごちゃごちゃとした悩みが霧散されていく心地よさを覚える。ああ……ここで寝たら気持ちよさそう。

しばらくして待合室を出る。ホームに人の気配はしないけれども、雪が深い場所には新しめの足跡があり、何人か直近で利用していることがうかがい知れる。待合室は最近建てたような新しさで、まだ古いホームに馴染んでいない気もする。いつぐらいに建てられたのだろうか。などと考察していると、そろそろ上り列車が到着する時間。ほどなくして遠くからヘッドライトが輝いて近づく。

「あの駅は動物の足跡があったでしょう、動物ランドなんです」

毘沙門駅のことを尋ねに津鉄本社へ伺うと、応対していただいた舘山さんが笑みをこぼした。たしかにウサギなどの小動物の足跡がいくつかあった。鉄道林があって、周囲は人家も少ない環境は、動物たちにとって過ごしやすい様子だ。毘沙門駅について、駅名の由来や乗降数など事細かに教えていただいた。そこで、気になる待合室の新しさを尋ねる。

「貴重な鉄道林を手入れするとともに、待合室を改装したのです。材木はおそらく地元のヒバだったと思います」

舘山さんは思い出すように語る。安らぐような木の香りはヒバか。林業が盛んな頃の津軽地方はヒバの輸送で賑わっていたことを思い出す。津軽中里駅待合室の掲示板に、ヒバ輸送に勤しんだ津軽森林鉄道の古い写真が掲示してあった。

毘沙門駅の鉄道林は、長年放置され鬱蒼としていたのだが、鉄道林を調査する青森大学の教授が訪れて、「私鉄が鉄道林を整備したことは貴重だ」とメッセージを残した。そこでこの存在を再認識し、森林ボランティアと津鉄職員が10年ほど前から間伐をして整えた。併せて草臥れていた待合室も改装しようと、地元会社の手を借りて改修したのであった。いまも定期的に駅を掃除してくれる方がおり、それで待合室がきれいに保たれている。

午後の列車に乗車し、再び毘沙門駅へ訪れる。ホームの雪に残った足跡は自分がつけたものから変化せず、他に人の出入りはなさそうであった。待合室と鉄道林のストーリーを聞いたあとでは見方も変わってくる。これが私鉄では貴重な存在とされる木々なのか。訪れた日は穏やかな冬の曇り空であったが、津軽名物の地吹雪のときは、この木々がホームを雪溜まりから助けてくれるのだ。

ただし、最近は森林ボランティアのメンバーも高齢となって、活動が厳しい状況のさなか、コロナ禍が追い打ちをかけて活動されていないという。２０２０年からの3年半は世界がガラッと変化し、我々の生活にも多大な影響があった。なんとか活動できていたことも、追い打ちをかけるようにストップしてしまう事態が全国規模で起きつつある。その陰

誰も来ないホーム。ストーブ列車が通過していく。軽やかな通過音は旧型客車。昭和時代の昔日の情景が令和の世でも現役である。

待合室内は木の香りが立ち込めて心が安らいでいく。欄間の装飾が細かい。毘沙門天のお面は地元の方が製作した。

にあるのは慢性的な人不足か。一介の旅人がどうこうできるほど生易しい問題ではないが、名前のカッコいい秘境駅にもこれからの課題が見え隠れしている。

上り列車のヘッドライトが見えた。ディーゼルカーが先頭に立って旧型客車を従えている。ストーブ列車だ。通過である。列車が近づき、客車は軽い走行音を奏でて颯爽と駆けていく。誰もいないホーム越しに、古い客車が徐々に小さくなっていく。在りし日この国にあった光景が、この駅ではまだ日常にあった。

2ケ所の県庁名が冠された　福島高松駅

宮崎駅を発車した日南線のキハ47形2両編成は、ディーゼルエンジンを轟かせて日向灘を南下し、油津駅で志布志行き列車キハ40形に乗り換える。だんだんと貴重になってきた国鉄形車両の旅路である。

ワンマン列車ではあるが、愛想の良い老職員が運転席へ同乗している。改札を担当する社員が不定期に同乗し、運賃収受のサポートをしているのだそうだ。降車客と老職員との短い挨拶があり、ＩＣカードが定着してどこか人の繋がりが薄れた身には、わずかな会話だけでも温かい気持ちになる。

大堂津の砂浜に目を奪われ、やがて線路は日向灘と別れを告げて右へと進路を取り、山間部を縫って串間駅へ。次の福島今町駅辺りで志布志湾が近づいてくる。左側ボックス席の車窓にチラッと海原が見える頃、「まもなく福島高松です」と放送が入る。駅に停車し、運転席の後ろで老職員に挨拶しながら降りようとすると、何故この駅で降りるのかと、素朴な疑問を問いかけてくる。

「駅名が気になったから降りてみようかと思いまして」

「おおそうですかぁ。帰りの列車も私らだから、また後ほど！」

何気ない会話にほっこりしつつ、根本的な問いに（はて、あらためて問われるとなんでだろう……）と自問自答する。たしかにわざわざ東京から訪れるわけだから、それ相当の理由はあると思うのが常だ。別に誰かと待ち合わせしているわけではない。この駅が秘境駅なのがきっかけで、駅名が気になったから訪れるというのが動機であって、それ以上のものはない。福島と高松、距離の離れた県庁所在地をくっつけた駅名は、２都市とは全く関係なく、福島町の高松地区にあるから名付けられたものである。２ケ所の県庁名が冠された駅はどのような環境だろうか。

下車したのは私だけでなく、秘境駅旅とは無縁そうな女性と小さな男の子の親子連れだった。地元の親子だろうか、この駅は初めてのようで、旅人のようにキョロキョロして、母親は老職員と手を振りあって別れを告げる。なんともほのぼのとした光景にうっとりする。駅前には車が停まっているので、どうやら迎えが来ているようだ。

キハ40形は志布志駅へ向けて走り去っていく。駅はホームが一面と線路が一本の単純な構造で、ホームから階段を降りた先に小さな木造駅舎がある。列車も去ったことだし、帰りの列車までの約1時間半、駅舎かどこかで時間を潰そうかと思った矢先、「モ〜〜」と牛の鳴き声が至近距離で聞こえてきた。

列車で隠れていて気が付かなかったが、線路の隣には牛舎が二棟建っているのだ。薄暗い舎には黒々とした黒毛牛が牧草を食し、人の気配を感じ取ったのか、線路の向こう側からギョロっと大きな目でこちらを見つめる。「モ〜〜」の鳴き声と共に、牛舎の独特のにおいが風に流れてきた。人によっては「臭い」とも「匂い」とも取れる芳香（?）に包まれながら、階段を下りて小さな駅舎へ入る。と、上を見るとツバメの巣から雛たちの鳴き声と、たまにぽちゃっと落とし物。「チュチュチュ……」親ツバメは餌やりに奔走し、低空で飛行する。そういえば今日は雨っぽい一日だからか。

駅舎を出る。今度は背後で「モ〜〜」、線路側だけでなく駅舎側にも別の牛舎があった。

ホームのすぐ目の前の牛舎から牛が顔を出す。何をするのかと思ったら目の前の草を食べていた。

離れた空地には干し草ロールが積み重なり、堆肥も積まれている。いっぽうの小さな駅舎には可愛らしいロータリーがあって、中心には南国らしくビロウが植っている。南九州から沖縄にかけて生息する樹木だ。

駅の名称に惹かれて降り立ったらそこは、駅は牛舎に囲まれ、ツバメの巣は賑やかで、あとは草木がすくすく育っている。小さな駅舎も駅名が書いてなければ、ホームと線路もなければ、牧場の中の〝舎〟に見える。

当初は駅舎内で少し休もうと考えていたが、落とし物とあのにおいに慣れず、駅周囲を散策することにした。といっても、牛舎と数軒の民家があるのみだ。おまけに〝駅前通り〟は牛舎脇の生活道で、駅があるとは思え

小さくなった駅舎と駅前。小さなロータリーにはビロウの木が構える。この1本があるだけで南国に来たと実感する。ロータリーはゴミ置き場でもある。

ない。近くの国道に「高松駅」と記されていても、初見だと間違えてしまいそうだ。

この駅のもっぱらの利用者は学生や近所の住人だという。生活道をのんびりと歩き、警報器のない踏切を渡る。踏切に至る道は畦道だ。線路を渡ると水を張ったばかりの田んぼがあって、晴れだったらさぞかし気持ち良さげな鉄道写真が撮れるだろう。ここで弁当を広げたい。

「ケロケロケロ……」カエルが合唱している。田んぼの向こうに福島高松駅の駅名標とホームが望め、時おり手前の草が揺れ動く。だんだんと和んできた。何に和むのか。草が触れ合う音か、牛の鳴き声か、ツバメか、フンか、小さな駅舎か。その全てが駅の周りにあって、心に響いてくる。フンも生きているから出てくるわけで、人間だって臭うのだ。

再び駅へと戻ってきた。あらためて見返しても小さな駅舎である。どうやら元々はもっと大きな駅舎であったが、昭和40～50年代にかけて一部を取り壊し、現在の姿へと縮小したとのこと。屋根を見上げると左側（志布志側）の梁が途中で切断されているようだった。基礎部分は草地となって判別できなかったが、通常の駅舎は、正面向かって左側が駅事務所や窓口となるので、無人化か何かの折に縮小したのだろう。

宮崎行きの時刻が近づいてホームへと上がり、再びあのにおいに包まれる。不思議な駅名につられて降り立ったら、牛を意識することになるとは。行きと同じキハ40形の上り列車が近づき、ドアが開くと先ほどの老職員が笑顔で「どうでした？」と出迎えてくれる。

「いやぁ、臭いましたね」

「そうでしょう（笑）。あれが宮崎牛ですから」

自信たっぷりに牛舎へ向かって手を差し出す。宮崎牛……。ああ、お腹が空いてきた。

山間の要衝だった　備後落合駅

「この駅には国鉄職員が１００人以上いて、24時間体制でした」

駅舎に入るやいなや、機関士の腕章をつけた国鉄制服姿のご老人が登場し、駅の解説をする。ボランティアだという。ここは奥備後と呼ばれる中国山地の山間部、備後落合駅。芸備線と木次線の分岐駅である。南北を中国山地の山々に挟まれて、駅前の家は数えるほど。芸備線と木次線の二路線、三方向へ分岐する要衝ではあるが、無人化されて久しい現在は、2022年度の一日平均乗降者数が38人（JR西日本調べ）と低く、単行のディーゼルカーがやってくる鄙《ひな》びた山間の分岐駅だ。ここも秘境駅として旅人が訪れている。

備後落合駅へ訪ねるには、少々骨が折れる。広島駅か新見駅から芸備線の列車に乗車するか、宍道駅から木次線か。三方向から集まる駅といえども、どの方向からも本数が極端に少ない。備後落合駅で乗り換えるだけならば、数分乗り換えのタイミングで乗り継ぎ列車がある。駅をじっくり観察したいならば数時間滞在し、ほぼ一日がかりの行程となる。おまけに2023年4月に訪れた時点では、芸備線備後落合駅〜東城駅間が落石による運休で代行輸送となっていた。代行輸送が嫌であれば、実質的な手段は二方向しかない。

そこで宍道駅〜備後落合駅〜広島駅のルートをとり、木次線の普通列車へ乗車する。しかし備後落合駅手前で倒木が発生し、あえなく三井野原《みいのはら》駅運休となってしまった。運転代行のハイエースジャンボタクシーに乗り換えてその先へと駒を進められたものの、すんな

駅舎内は備後落合駅の歴史がたくさん詰まっていた。何時間も待つことになっても、これだけ資料があれば飽きることはない。

りと訪れられないのは、目的地が秘境駅だからなのかと苦笑してしまう。結局は代行輸送となってしまった。

無事にタクシーで駅へ到着して下車すると、すぐに上り列車へ乗車する予定だった乗客を乗せる。狭い駅前は合計2台の代行タクシーが停車し、芸備線東城駅方向のトヨタシエンタが先に〝発車〟した。鉄路が二方向運休となり、駅前が代行タクシーで賑やかとなるのは複雑な気分である。

駅舎では、冒頭に登場したボランティアのご老人が列車の案内をする。乗り継ぎ客を待っていた芸備線三次行き列車は発車し、こちらはまったりと過ごそうかと思っていた矢先、駅の解説を聞くことになったのだ。誰もいない鄙びた分岐駅を想像していただけに、まさかの展開であるが、期せずして備後落合駅の歴史に触れられたので興味津々だ。ご老人についていき、駅舎脇にある小屋へ案内されて、歴史をレクチャーしてくれた。

「陰陽連絡をするための国策で鉄道が敷かれ、ここで三方向から線路が繋がり〝落ち合う〟から落合という駅名になったのです」

ご老人の説明を聞いて「え⁉　地名じゃないの？」と驚いて聞き返す。てっきり落合という地名だと思っていたら、落ち合うが駅名の語源だったとは。のっけから駅名の由来にやられてしまう。

たしかに駅周囲を見渡すと山また山である。町があったり街道筋であったりと、古より往来のあった場所でもなく、鉄道ジャンクションをつくるために拓かれた場所だ。駅構内はすぐ山肌が迫っており、蒸気機関車時代の給炭所、転車台、滞泊用機関庫の土台、数本の側線、島式ホーム一面と駅舎寄りに片面ホーム一面と、要衝の設備が纏まっている。

三方向の列車の往来が賑やかであった頃は深夜の運転もあって、駅員だけでなく、機関車を整備する職員も含めて三交代の24時間制であった。その時代の栄華は駅舎内にびっしりと貼られたC56形、C58形蒸気機関車などのモノクロ写真から窺い知れる。歴史を一気

2番3番ホームから駅舎と1番ホームを見る。古レールで組まれた屋根、乗り場の構造はずっと変化ない。機関庫は左手にあった。

に教えてくれたご老人は、近隣で生まれ育ち、国鉄に入社して転々としたのちに芸備線のディーゼルカーの運転士をしていたそうだ。れっきとしたＯＢなのである。駅のボランティア活動のきっかけは２０１８年。芸備線が水害で運休となり、三次駅から分岐していた三江線の廃止もあってこの駅も廃止になるかもしれないと危惧し、自分が動かなくてはと掃除やガイドの活動を始めた。「年間３５０日は駅にいます」と、お元気である。生き甲斐があると若々しく見える。

「名物のおでんうどんがホームで売られていました。女性が２人で切り盛りしていたのです。」

ご老人が指を指したのは２、３番線ホーム

だ。あのホームではおでん種をのせたうどんが名物として売られ、それこそ三方向から列車が到着したときは忙しなかったという。ホームへ行ってみた。すでに売店の面影はない。しかし、木造のホーム屋根は売店があった時代から現役で、その屋根を眺めているうちに、うどんをすする乗客の姿がぼわぁっと浮かんでくる。

2番線の新見寄りは、閉ざされた水道管がホームから不自然に突出している。先ほど小屋にはジオラマで再現された全盛期の備後落合駅の姿があり、ホームには給水施設もあった。延々と坂を登ってきた蒸気機関車は、停車中に石炭をならし給水をしていた。その名残りがこの水道管の跡である。

先ほどご老人が「国鉄職員が100名ほどいて」と語った言葉を思い出す。たしかに駅構内の敷地は、機関車の滞泊ができるほどの広さはある。だが両側を山に囲まれ、駅前は数軒しか家がない状況から、100人の賑わいを想像するのは難しい。駅舎横にはまとまった国鉄官舎があったものの痕跡すらなく、すでに草地のみである。どんな雰囲気で賑わっていたのだろうか、得意の妄想力をもってしても、イメージしにくかった。

駅前には旅館だった建物が残っていて、松本清張が終戦後に帰省した際、この旅館に投宿して訛りを聞き、『砂の器』の題材としたそうだ。そんな、「おっ！」と感じる駅のエピソードがありつつも、要衝なのに鄙びた駅と言ったらいいのか、世の中の忙しさから隔絶して穏やかに余生を過ごす空気が漂っている。

まだ列車が来る時間ではないのに、構内踏切が鳴った。イレギュラーな列車の正体は、先ほど倒木により途中で降りた木次線の列車である。運転士に尋ねると倒木は無事に撤去された。山あいの交換駅にトントントンとディーゼルエンジンのアイドル音が響く。人はいないのだけれども、列車が一両あるだけで駅はいきいきするから不思議なものである。

芸備線の列車までまだ時間はある。ホーム屋根、待合室、駅舎に掲げられた資産管理票を見つける。「昭10」と記載されていた。備後落合駅は１９３５（昭和10）年12月20日に開業しており、その当時からの施設が使用されている。施設は古いが決してボロボロではなく、好感が持てるほどきれいに保たれている。

ご老人は先に帰宅された。一人、ホームに佇む。「芸備線の列車は約38分遅れています」自動放送が入る。列車の遅れなど、倒木に比べれば大したことはない。列車はちゃんとやってくる、きっと。

海に近い　串駅

予讃線の向井原駅〜伊予大洲駅間は、中央構造線の山間部を避け伊予灘に面した海ルートと、内陸の山間部をショートカットする2つのルートに分かれる。海ルートは1945（昭和20）年までに全線開通した線路で、内陸ルートは1986（昭和61）年に内子線を延伸する形で開通し、今は特急宇和海号が走るメインルートとなっている。海ルートは定期運行の優等列車が走らず全て普通列車で、単行のキハ32形やキハ54形といった国鉄時代末期に製造されたディーゼルカーが、伊予灘に沿ってトコトコ走っている。海ルートは「愛ある伊予灘線」の愛称がつく。この話でも愛ある伊予灘線としよう。

愛ある伊予灘線には下灘《しもなだ》駅という、伊予灘を一望する有名な無人駅がある。青春18きっぷのポスターとなり、数々のメディアにも登場し、いまや〝映えスポット〟の観光地となっている。その下灘駅の隣が串《くし》駅だ。下灘駅ほどではないが、串駅も伊予灘に近接する。それに串という漢字一文字の駅名が潔くて、何か由来があるのかもしれないし、串、クシ、くし、と呟いていたら気になってきた。

伊予大洲駅から乗車した列車は、1987（昭和62）年製造のキハ54−1。トップナンバーのディーゼルカーは春の陽光が降り注ぐ伊予灘に沿って快走する。線路は中央構造線の深い山々を避けながら海岸線に沿って蛇行し、ここがかつての幹線であったのが信じられないほど、風光明媚なローカル線の様相である。

　一面の桜で覆われた喜多灘駅を発車すると、次は串駅だ。左手の車窓は紺碧の海原が寄り添って清々しい。キハ54－１は本村川橋梁を渡り、片面ホームの串駅へと到着した。旅人風の女性が２人、ホームで記念撮影をしている様子が前面ガラス越しに見える。下灘駅は大層な人気ぶりだが、隣の串駅は一転して地味である。串駅のホームは草木があって伊予灘の絶景は見えづらく、ホームからの光景は下灘駅には及ばない。あまり旅人が立ち寄らなさそうな駅だけに、撮影する人の姿がやや意外な気もした。

　では串駅の何が良くて降りたのか。それは列車が走り去ってからの駅周辺散歩で分かる。片面ホームには待合室がちょこんと居座り、駅の出入口は下灘寄りの一ケ所のみ。スロープがあって、伊予灘の紺碧がチラッと目に入る。スロープの先は遮断機のない踏切で、右手は斜面になって家が３軒ほど寄り添っている。人が一人歩けるくらいの坂道が続いており、目で追っていくと、ちょうど駅を見下ろすように急坂が続いている。次の折り返し列車まで50分くらい。駅前散歩にはちょうどいい塩梅だ。小道が気になって登ってみる。

「お、おお……、おー！」

高台の小道から質素な片面ホームを見下ろしつつ伊予灘の海原に見入る。遠く瀬戸内の島々まで見渡せた。なんとも心地よい。

感嘆の独り言を何度も呟く。斜面を登る小道はすぐに串駅を見下ろす形となる。と、眼前に広がるのは紺碧の伊予灘だ。ホームにいるときは分からなかった背後の絶景が飛び込んでくる。「串」と漢字一文字の駅名標と小さな待合室、それに細長い棒状の片面ホーム。簡素な佇まいの駅を見下ろしながら、その背後に伊予灘が両眼いっぱいにこれでもかと入り込んでくるのだ。良い。非常に良い。

「チュチュチュチュチュ……ホーホケッ」

拙い鳴き声が斜面から聞こえてきた。季節は春になったばかり。ウグイスの初々しい鳴き声が微笑ましい。ザザー……、駅の背後から微かに奏でられる波の音。春の穏やかな凪の日、岸を撫でるような波音が心身に染みこんでくる。ウグイスの鳴き声、柔らかな波の音、暖かな陽光とホーム。ここに列車が来ると最高なシチュエーションではある。が、ホームと線路があるだけでもいい。この穏やかな空気を小難しい言葉で表すよりも、「大変のどかな駅」の一言でも十分な気がしてきた。

気がついたら、斜面の小道に十数分と佇んでいた。ここでピクニックしたい気分になるが、背後には生活空間がある。邪魔をしないよう、この光景と空気を体に染み込ませて散歩を続けよう。

小道を上がって、駅を遠目に見つめる。家々の軒先に駅名標が見えて、背後は海原が広がっている。規模は違えどもＪＲ東海道本線の根府川駅を連想した。海を背後にする駅は、なぜかこう気分が落ち着く。穏やかな海原を眼前にして心は和んでいき、寄せては返す波の音に聞きいる。人、いや陸上の生物は海から誕生した。母なる海……。だから、紺碧の海原を前にして落ち着くのか。これが嵐のごとく波がうねっていたら、もっと別の感情が湧いたかもしれないが、国内外問わず、海を前にした駅は往々にして気分が落ち着いてくるのだ。

もうしばらくしたら折り返しの列車がやってくる頃。小道を下りていくと、郵便配達のバイクが踏切脇で止まって、局員が小道を駆け上がる。静まり返っている集落ではあるが、人も住んでいれば晴れの日も雨の日も配達がある。局員との出会いによって、のどかな駅にも、人々の生活という日常があることに、あらためて気づかされる。

踏切を渡っている途中、ホームにある「1964 10」という刻印に目が留まる。これは施工年月標と呼称するもので、構造物の竣工年月を表示する。串駅は1964（昭和39）年の開業だから、この刻印は駅の開業した年を表す。予讃本線が開通してからだいぶ経ってからの開業であり、串の集落の利便性のため開業した。

ところで、ずっと気になるのは駅名で、地名から取ったものであるのは地図から判明したが、なぜ串なのか、この旅のあとで伊予市役所に尋ねてみたが、結果は由来がはっきりしないとのことだった。

そこで、『民俗地名語彙辞典（松永美吉著、日本地名研究所編　ちくま学芸文庫）』を開くと、串は九州から紀伊半島南部の地名に多いらしい。意味は丘、岬などで、朝鮮語の岬を意味する「クシ」にも通じて、共に丘状地形を指す言葉である。串地域は伊予灘に面した丘陵の地形であるから名付けられたとも考えられる。もっとも、岬と言ったら串駅より少し先にある、伊方町と佐多岬のほうがしっくりくるのだが……。

列車を待つ。ホーム長は４両編成ほどありそうだが、もっぱら単行運転がメインなので、ワンマン乗車口と安全確認用ミラーの先は草が生えていて、何年も人が足を踏み入れていない空間となっていた。

時計を見る。列車は遅れているみたいだ。大変便利なことに待合室内にはデジタル掲示板があって、列車の位置情報と遅延分数が表示されている。折り返し列車は赤字の「＋５分」表示。５分遅れとのことだ。無人駅は情報が少ないのが常であるが、昨今はデジタルサイネージが普及し、待合室内だけは一気に令和の現代が整っていた。

再開通した　会津越川駅

ＪＲ只見線は会津地方と中越地方を結ぶ。線路は奥会津の山深い地域を縫い、福島・新潟県境を越えて魚沼市の田園地帯へと伸び、只見川と山間部の絶景は訪れる旅人を魅了する。近年は海外からの観光客も増え、いまや世界的に知られるローカル線となりつつあり、観光目的の利用者が占めている路線である。

只見線は以前より鉄道ファンに人気の路線であったが、世間から注目を浴びたきっかけは、２０１１年の集中豪雨による一部区間不通であった。福島県側の会津川口駅～只見駅間の鉄橋が数カ所で流出してしまったのだ。利用者が少ないために部分廃止をしてバス転換にするか、線路を復旧させて鉄道として存続するか、沿線地域の方々の存続活動をはじめ、JR東日本、沿線自治体、福島県との協議が重ねられ、県が線路施設の維持を負担し、JRが列車運行をする上下分離方式が採択され、不通区間は復活する。2022年10月1日、只見線は全線再開通した。災害で不通となったローカル線は廃止となることが多い近年、奇跡の復活として全国区で知られるようになった。

只見線は1996（平成8）年初春に小出駅から全線乗車したのが出会いだ。車窓には只見川のダム湖が続き、やけに山深いところを走る路線だなという印象だった。只見線は田子倉ダム建設資材輸送を担った歴史があり、沿線はダムが連続し、ダム湖となった只見川は無風状態だと鏡面となる。その光景を沿線から撮影すると、息を飲むほどの絶景なのだ。旅人だけでなく、鉄道撮影派にとっても魅了される路線である。

風光明媚な只見線は、人口の少ない地域を結ぶゆえ、いくつか秘境駅が存在する。県境の只見駅～大白川駅間にあった田子倉駅は周囲に人家すらなく、スノーシェッド内にホームがあって、同線の秘境駅の白眉であったが、2013年に廃駅となってしまった。他の秘境駅は郷戸、早戸、会津水沼の3駅で、何度か訪れたことがある。周囲には人家もまばらで、鬱蒼とした森に囲まれたり鏡面の只見川を眼前に見渡せたり、ホームに何時間でもいたくなるような空間で居心地が良い。が、近くには国道があって、外界から離れた存在かといえばそうではない。やはり只見線の秘境駅は田子倉駅が一番の存在だったのかと、ついぞ訪れることができなかったのが悔やまれる。

2023年のある日。そういえば、会津川口駅〜只見駅間が運転再開となって少し経つなと思い、只見線へと出かけた。この区間には本名、会津越川、会津横田、会津大塩、会津塩沢、会津蒲生の無人駅があって、不通のときは廃駅のように線路もろとも草ぼうぼうであったが、いまは再整備されて美しくなっている。ちょっと気になる。

「会津越川駅?　あの駅だけ地味な存在だねぇ。それに『こしがわ』ではなく、なぜか『こすがわ』と言うんだよ」

只見線沿線の温泉宿で一泊した際に、翌日はどこへ行くのかという話題から主人がそう言う。沿線の人々に尋ね歩いたわけではないが、会津越川駅は地元でも地味な存在のようだ。呼び名も独特である。復旧前の列車代行バスへ乗車したとき、先に挙げた駅はちょっとした町となっているのに、会津越川駅だけは人家もまばらな地域であった。国道からホームが見えるほど近いので、ポツンと自然の中に駅があるわけではないが、少々影の薄い存在である。ひょっとしたら、復活した区間に秘境駅があるのでは？　それを確かめに行ってみよう。

只見線は、全線通しの本数が3往復と少ない。会津越川駅へ到着するには福島側からの下り列車だと少々面倒で、下りが8：32に到着したあと、15：09発の上り列車まで列車がやってこない。いっぽう新潟側の上り列車だとうまくいき、上りが7：45着で8：32発の下りに乗れる。同じパターンで、上り15：09着の下り15：45発と、この2本が訪れやすい時刻となっている。ただし只見駅や小出駅から訪れないと行けず、温泉宿の多い福島県側から朝イチの列車で行こうとすると、いったん車で只見駅へ先回りして只見駅から乗車するしかない。あるいは只見駅周辺で泊まるか。

よし、早朝に只見駅まで移動しよう！　その結果は……、寝坊した。目覚めたときは既に時遅し。今回はその日に東京へ戻らなければならず、15時台の折り返しは間に合わない。結局レンタカーで会津越川へ訪れることとなった。全線再開通してからまだ乗り通しておらず、本来ならば秘境駅へはまず列車でと決めて列車に揺られて下車するつもりだっただけに、非常に残念である。

車で訪れるのはワープしているみたいで気乗りしないが、自分が悪いのだから致し方な

再開通によって見事復活した駅は、待合室も再整備されて美しくなった。駅名標は歴史の積み重ねを見ているよう。このままのほうが良い。

い。国道を走り、会津川口駅の先から復旧した線路が寄り添ってくる。列車がやってくれば実感が湧くのだけど、日に３本の運行では列車を見ることすら難しい。それにもうじきやってくる上り列車は、肝心の会津越川駅で出迎えるのだ。他の場所で撮影する余裕はない。沿線の絶景と列車とのコラボレーションは、今度のお楽しみにしよう。

会津越川駅は駅としても地味な存在だが、国道から分け入る道も「田んぼの畦道に直結するようなほど」か細く、最初はどこで曲がれば良いか分からなかった。普通乗用車の幅ぎりぎりの道を進むとすぐ目の前に線路と踏切があって、車両一両分のホーム、小ぶりな待合室がすぐ目に飛び込んできた。

小さい駅だ。最初の印象である。宗谷本線糠南駅の仮乗降場のようなスタイルで、階段が数段とコンクリート板がある。待合室は除雪関係のものが格納されている小部屋があるほどの、シンプルな片流れ屋根の小屋だ。

ただし、ロケーションは大変良い。駅名の由来となった越川地区は青いトタン屋根の家々が数軒建ち、元々は茅葺き屋根だったのだろう、古民家が目立つ。数軒の古民家の裏手に駅があるといった位置関係であり、駅の周囲は田畑だ。反対にホームの目の前は鬱蒼とした森で、チラッと祠が見えた。神社である。二荒神社という、地域の氏神様である。ホームに立つと深閑とした森に神社があって、新緑の眩い色が目一杯飛び込んできて、なんとも言い難い心地良さに包まれるのである。

列車はまだやってこない。その合間に待合室へ向かう。建物は運休中の11年間放置されていたが、再開通にあたって塗装をし直してすっかりと美しくなっていた。窓枠の桟は昭和時代の古めかしさがあるのだけど、再整備したおかげで、完成して間もない姿に見える。そして駅名標は、白地の板に国鉄時代の角丸ゴシックを連想する書体。経年によって錆びが浮き出ているが、長年の垢が滲み出ているようで、日々の生活に家族の帰省と、様々な駅模様を見つめてきたのだろう。

会津越川駅は会津川口駅〜只見駅間が１９６３（昭和38）年に開業したとき、まだ駅の形すらなかった。越川地区と金山町が国鉄へ駅設置の陳情を重ねて、１９６５（昭和40）年に会津越川駅が開業した。駅建設費用は越川地区と金山町が負担した請願駅だった。

今回は列車へ乗降するわけではないから、到着した列車を見送ることができる。せっかくなので駅を見渡しながら列車を待つことにしよう。二荒神社手前の畦道で駅の全景を眺めながら列車を待つ。線路端の田圃は休耕田となって久しく、カエルの合唱がときおり奏でられる。数軒の古民家を前にして短いホームがポツンと佇む情景は、ジオラマで再現したいほどの箱庭感があって微笑ましく、駅全体が牧歌的で可愛らしく見えてくる。ホーム傍らの遮断機や警報器のない小さな第四種踏切も最高のアクセントだ。

背後のなだらかな山肌は新緑で青々とし、曇りがちの空から晴れ間が差し込むと、息を思い切り吸い込む気分にさせてくれる。この瞬間に列車が来ないかな。などと思うのだが、鉄道撮影では列車が登場する直前に曇ってしまう〝怨念雲〟または〝クルクモル〟というスラングがあって、はたして汽笛が鳴って列車が到着するときは、いまにも雨が降りそうな曇天となってしまった。山間部の天気は読めないものである。

会津若松行き列車のキハ１１０形上り列車は２両編成で、ゆっくりと停車する。ホーム

15:09、会津若松行きの列車が到着する。警報器のない踏切を手前にして、列車の警笛が鳴り響いた。降りる人はおらず。乗る人もいなかった。

は一両分しかない。後方車両は当然はみ出る。列車は堂々と踏切上に停車する。只見線は再開通してから会津若松駅～只見駅間がワンマン運転となったため、もとより最前部のドアしか開閉しない。ホームからはみ出たまま停車しても乗降に支障はない。

降車客はいなかった。列車が来る前からホームを見ていても乗車客はいなかったから、乗降ゼロである。乗降数記録の残る直近の統計は第120回（2006年）福島県統計年鑑で、会津越川駅は1日平均乗降者数2人である。それ以降は、無人駅の統計を取っていないため不明だ。駅を利用するのはこの周辺の住民がほとんどで、ときおり旅人が利用するくらいとみた。実際にどうなのか、ちょうど駅裏で草刈り作業をしていたおじいさんに尋ねてみたのだが、「俺は手伝いで来たから分からんなぁ」とのこと。他に人影は見当たらなかった。ただ、旅人は時々立ち寄っているようで、待合室内に２０２２年の再開通後から綴られている駅ノートがあった。

只見線〝再会〟通！　ノートの初めの言葉に手の動きが止まる。再開と再会。橋梁流出によって寸断された鉄路は、10年の月日を経て結ばれた。この駅も他の駅も長らく草ぼうぼうであったが、長い眠りから目覚めたのである。会津越川駅は列車でのアクセスが難しいだけで、国道が目と鼻の先。ゆえに秘境駅と言うには物足りないかもしれないが、わずかな戸数の集落に見守られるようにしてホームがちょこんと佇み、その姿が可愛らしく見えてくる。可愛らしい秘境駅。その表現も悪くない。

かつてのスイッチバック　大沢駅

山形新幹線つばさ号は福島駅を出発すると高架橋を下って、奥羽本線の線路と合流する。吾妻連峰の板谷峠にある元スイッチバック駅が秘境駅だと聞き、久しぶりに山形新幹線に乗った。板谷峠は１９９０年代初めに乗り潰し旅で通過しただけで、秘境駅があるとは意識していなかった。それにその当時は〝秘境駅〟の言葉は生まれておらず、どの駅もただ「無人駅」と言われていた。秘境駅と意識してからの再訪。駅はどんな姿で出迎えてくれるだろう。

1992年に開業した山形新幹線は、在来線の軌間を新幹線と同じ1435㎜ゲージに改軌することで、新幹線と在来線を行き来することにした日本初の路線である。同時に、奥羽本線福島駅〜山形駅間（後に新庄駅まで）は1067㎜の在来線ゲージではなくなり、一部路線を除き、他の路線と乗り入れができない独立した路線となっている。

板谷峠は奥羽山脈を越える難所だ。奥州へと鉄路を伸ばしたいが、眼前に立ちはだかる山脈をどうしたら越えられるかと、明治の人は急勾配に弱い鉄道でも克服できる場所を探し、それでも庭坂〜関根間は24・5〜33・3‰の勾配が連続した。この値は蒸気機関車にとって大変辛く、4ケ所のスイッチバック式信号場や駅を設置。列車交換と蒸気機関車の補給地点となった。その4ケ所は赤岩、板谷、峠、大沢駅である。

板谷峠は輸送力増強と複線化が実施され、戦後すぐに直流電化。やがて交流電化へと変更した。交流用の赤い塗色の電気機関車が客車を牽き、スイッチバックを行ったり来たりしながら板谷峠を踏破する光景は、国鉄からJR東日本へとなってからも続いていた。そして、改軌と共に本線上へホームを移設してスイッチバックは廃止となり、客車は専用の電車となって、新幹線が走る線路へと進化した。

つばさ号は板谷峠をスイスイと登って下る。高速で駆ける姿から、一転して峠道を攻める新幹線。車窓に映る眩い新緑をじゅうぶんに堪能していると、トタンで覆われたスノーシェッドを潜る。これはスイッチバック構造の名残で、分岐ポイントを降雪から守るための覆いが残され、冬季に活躍する。

4ケ所のスイッチバック駅は人里もまばらな山深い場所にあり、秘境駅と呼ぶに相応しい環境であった。過去形なのは、乗降者数0人の赤岩駅が休止扱いを経て2021年に廃止となったからである。残りの3駅は辛うじて利用者数があり、とくに峠駅はスイッチバック駅時代から脈々と続いている茶屋と「峠の力餅」が人気を博し、休日ともなれば観光客が訪れて賑わう。列車よりも車での来訪が多いのが実情だが、新幹線街道となった奥羽本線の普通列車は少なく、列車での来訪はどうしても時間的制約があるのだ。

板谷駅、峠駅、大沢駅。3駅の秘境駅のどこに行こうかと悩んだとき、そういえば大沢駅だけ影が薄い気がした。この3駅を比べ、集落のある板谷駅、峠の茶屋しかないが観光客で賑わう峠駅よりも一層地味な存在である大沢駅。ただし、大沢駅は板谷駅と共に2023年1月以降、冬季通過扱いとなった。奥羽本線内で著しく乗降者数が少なく、積雪による遅延や誤降車防止のための処置であるが、赤岩駅が冬季通過から通年通過となって廃止に至った経緯から、板谷駅よりも小さな集落である大沢駅はもしや数年後に廃止となるのではと危惧して、この機会に訪れたのである。

翌朝、米沢発福島行きの719系電車に乗車する。手に持った切符の券面には、大沢行き240円の文字。米沢から240円の距離で秘境駅へ訪れられるほど、大沢駅は近い距離にある。719系は関根駅を発車した途端に山間部へと分け入り、あっという間に上り勾配の板谷峠へと突入した。

719系はモーター音を唸らせ、勾配を登っていく。スノーシェッドを潜った。大沢駅が近い。下車するために一番前のドアへと移動する。車内の男性が「降りるのか？」と言いたげな表情で見つめる。ホームはスノーシェッドの本線上にあって、仮乗降場のような簡素な造りである。板谷駅、峠駅も同じ構造であり、スイッチバック構造を撤去して、本線上にホームがある。

下車した第一印象は、工場内にいる気分。板谷峠は1960～70年代に複線化と交流電化工事が実施され、併せてスノーシェッドも改修されたという。大沢駅を覆うスノーシェッドはそのときに改修されたようだが、半世紀以上は経過している。使い込まれた工場建屋のごとく長年の風雪に耐えてきた。幾多の列車が板谷峠を越えてこのスノーシェッドを潜り、普通列車はスイッチバックするために行ったり来たりしていた。鉄道ファンにはよくある話で、板谷峠ももう少し早く生まれていればその光景を体験できたのだが、残念ながら間に合わなかった。年季の入ったスノーシェッドを眺めながら、その光景を体験したかったと悔しい気持ちとなる。

さて、外がどんな光景か見てみたい。が、覆われた空間にいるために外部の光景が全く分からない。スイッチバック時代の旧ホームは、本線から分岐した場所にあって、徒歩数分は要す。ではさっそく行こうかと思っても、折り返しの電車は20分後にやってくる。それを逃すと4時間以上も待たねばならない。つばさ号は1時間に1～2本通過するのだが、普通列車はなかなか走っていないのである。

スノーシェッドがあるため、ホームの外部が全く分からないのもむずがゆい。すぐ隣に集落があることは、情報や知識としては知っているけど、この目で見られないのは目隠しされている気分だ。地下、トンネル、防雪林などをのぞいて、人工の覆いによって外部と遮断されている秘境駅は、板谷峠以外にあるだろうか。

反対側のホームを見る。スノーシェッドに包まれた空間に屋根付きの待合室があって、工場内の詰所のよう。上りホームの階段を下りて、増設された廊下空間を歩くと、反対側へ渡る踏切がある。改軌前、スノーシェッド内は職員しか立ち入れないスイッチバック線路の分岐箇所であった。そこを乗り場にしたため、ホームや構内踏切といった駅施設を設置する際に側面に廊下を増設したり、壁面を開口したりと改造を施している。

スノーシェッドは、本線と分岐して旧ホームのある左側へと二手に分かれていて、左側は保線車両の留置場所となっている。その脇を舗装道路が続いて旧ホームへと続いており、地面は平坦に保たれている。本線はというと、目で分かるほどの下り勾配となって直進していく。分岐箇所を見てもいかに勾配がきついか分かる。勾配は38‰だ。

それにしても、あらためて見渡すとここは工場だ。H鋼の柱がずらっと並んで線路を覆い、屋根と壁面の波板は赤錆びた箇所も見受けられる。鉄道ファンではなく一般人にスノーシェッド内の写真を見せたら、鉄道工場かと思われるかもしれない。答えを言って駅だと知ったときの反応を想像したら面白くなってきた。いま立っている場所は、他の地域には見られない面白い場所なのだ。ああ、もうちょっと長くいたい。しかし、無情にも折り返しの列車が近づき、構内踏切の警報機がスノーシェッドに響き渡った。

上りホームから峠駅方向を見る。左の草地がスイッチバック時代の引上げ線の名残りで、そこに線路があった。スノーシェッドも3線分の幅がある。

上りホームから見る大沢駅の構内。スノーシェッド内に待合室があって、工場内詰所のようだ。奥が米沢方面。左手に分岐するのが旧ホームへの線路。

1時間半後、米沢でレンタカーを借りて大沢駅へ戻ってきた。レンタカーで訪れる山道は、車一台分の幅が続く。幾多の鉄道撮影で狭い山道も慣れているが、この先に新幹線も通る幹線があるのかしら？　と疑いの目を向けた頃、ポツポツと家が見えてきた。崩れかけた廃屋が目立つ。ご老人が農作業をしている姿を見つけ、ホッと一息。人の姿が無いと不安になるものだ。

大沢の集落は戸数が数えるほどだが、その昔は街道の宿場であった。廃屋が目立つのは離れていった住民がそれなりにいることを示唆する。肝心の大沢駅は目立った看板もなく、一旦は通り過ぎて山道へと分け入り、木々の隙間から聳えるスノーシェッドを見上げて、行き過ぎたことを知った。戻ってみると車一台分の脇道があった。これが大沢駅のエントランス。なんとまぁ心細い。

跨線橋を渡る。すると、両側にスノーシェッドの屋根が間近に迫り、堀割の線路を覆っている。家々の傍らに忽然と現れるスノーシェッドの無機質さに立ちすくむ。鄙びた集落の脇、この下にE3系新幹線が1時間おきに走っているのか。ちょっと信じがたい。傍らの擁壁には「1967－12」の刻印。この年代に何かしら改修が行われたのかもしれない。

大沢駅の入口はスイッチバック時代から変化がなく、旧ホーム施設をそのまま使用している。跨線橋を渡り終えると右手は旧駅舎。左手はちょっとした広場である。誰もいないかと思われたが、工事の車が並び、重機の音が聞こえる。作業中ゆえに声掛けは控えたが、どうやら旧ホーム施設を覆う草木を撤去しているようだ。

旧ホームは二面相対式で、手前側に錆びて埋もれた線路が確認できる。線路幅は１４３５㎜幅が途中まで伸びてきて、ぷつっと途切れた先は１０６７㎜幅へと戻っている。改軌時に手付かずのまま放置されているようだ。重機が動く場所にも線路はあったが、構内作業用道路となり、線路は外されていた。手前の線路を追っていくと、スノーシェッドが口を開けている。本線から分岐した箇所だ。30年前までは、そこから赤い電気機関車牽引の客車普通列車が現れて停車し、再びバックしてスノーシェッドへと消える光景が毎日繰り広げられていた。

すっかりデジタルガジェットに慣れた身は、スマホの動画サイトを開き、その場で過去の板谷峠の投稿動画を見る。１９９０年前後、世に普及しつつあったホームビデオを鉄道ファンが撮ったもので「ここはこうだったのか」と、いとも簡単に答え合わせができる。スマホは大変便利なツールだが、ふと、カンニングしながら試験をしているような気分に

駅の出入口となっている旧ホーム。車止めは標準軌仕様。線路跡は通路となって奥のスノーシェッドへと続く。かつてはここに列車が来ていた。

大沢駅旧ホームの構内外れにはレンガ造りの給水塔が草むして残っていた。板谷峠が蒸気機関車で運行していた頃、ここで給水して小休止したのだろう。

なった。スマホはそっとしまって、ホームへの通路となった元構内線路を歩く。

元構内線路の脇にはレンガ積みの給水塔が廃墟となり、機関車の灰を捨てるアッシュピットと思われる（違うかもしれないが）コンクリート基礎が埋もれている。給水塔周りはバラストが積まれており、いったいこのバラストはなんのためにあるのか謎であったが、スノーシェッドに潜って、バラスト積み貨車を連ねた保線車両が留置されているのを観察しながら、「ああ、ひょっとして……」と思った。トラックで運ばれてきたバラストは給水塔前の広場で貨車へと積みかえられ、板谷峠の保線作業に使用されるのかもしれない。たしかに峠区間の線路沿いは道路もない箇所があるし、連続勾配の峠道を、保線車両が麓からずっと走るよりも、途中地点で物資を補給し運行する方が効率的である。大沢駅の旧ホームとスノーシェッドは、保線基地として活躍しているのか。

一人納得しながらスノーシェッド内のホームへと歩く。今度は時間の制約がないのでゆっくりと歩けて嬉しい。内部の柱には、文字が消えかかっているものの、ところどころ職員用の喚起事項が記載されている。列車通過時刻や距離など、線路を歩く職員にとっては重要な喚起事項だ。スイッチバック時代は線路が複線のまま本線から分岐していた。本線との分岐箇所は複雑なポイントがあって、駅とは反対側の引上げ線と呼ばれた退避用の

スノーシェッド内の保線車両はバラスト積み貨車を連結している。トラックで輸送されてきたバラストを旧ホーム付近で貨車に積んでいると思われる。

折り返し線路は単線であった。その構造は改軌によって撤去され、引上げ線の跡は上りホームから辛うじて確認できるものの、完全に木々の中へと没している。

構内踏切が鳴る。普通列車ではない。山形新幹線の通過だ。ファァァン……。東京駅でよく聞くあの汽笛がスノーシェッドにこだまをした。流線形の車体が颯爽と勾配を駆け下る。あっという間に短いホームを通過した後、再び静寂が支配する。このホームへ列車が停車するのは数時間後。待合室へ入る。窓外を眺めていると山中の峠の駅とは思えず、いよいよ工場の詰所にいる気分になってきた。外部と遮断された秘境駅。再び構内踏切が鳴った。東京行き新幹線の通過だ。

ケーブルカーの途中駅　ほうらい丘駅ともたて山駅

比叡山の坂本ケーブルには、事前申告しないと降りられない「ほうらい丘駅」と「もたて山駅」がある。第1章で訪れた霞ヶ丘駅と同じ、ケーブルカーの途中駅だ。坂本ケーブルは比叡山延暦寺へのルートとして１９２７（昭和２）年に開業した、日本一の長さ２０２５ｍを誇るケーブルカーである。曲線が連続し、トンネルが２ケ所、橋梁も７ケ所ある。このような線形となったのは、比叡山は霊山であり、延暦寺からは傷を付けぬようにと、また日吉大社からはケーブルの車窓から見下ろされては困ると要望があったのが大きい理由とされている。麓と山頂を直線的に結ぶケーブルカーの中では珍しい存在だ。

２ケ所の途中駅は開業時から存在したわけではない。もたて山駅はキャンプ場アクセスのため１９７４（昭和49）年に開業し、当初の駅名は裳立《もたて》山遊園地駅であった。ほうらい丘駅はもっと後の１９８４（昭和59）年の開業である。ケーブルカーは交走式（釣瓶方式）のため、どちらかが途中で停車すれば、片方も否応なしに停車する。ただし、坂本駅～ほうらい丘駅、もたて山駅～延暦寺駅間の距離は異なり、片方の車両がどちらかの駅へ停車したときは、もう一方の車両は線路の途中で停止する。

両駅は山中に存在しており、あまり乗降がないため秘境駅と呼ばれている。ただ、両駅を訪れる際は少々面倒である。自由に乗降できないのだ。一般的な旅客用の駅なのであるが、発車前に駅職員へ降りる旨を伝えなければならない。再乗車するときは、ホームに備わるインターフォンで伝える必要がある。申告がなければ通過する運行だ。無言のまま意思表示せずに両端駅から乗り込むと、降りたくても通過してしまう。「降りたいのに！」と怒ってはいけない。

これは面白い方法だなと、興味津々でケーブル坂本駅へ訪れる。山頂側のケーブル延暦寺駅と共に駅舎は登録有形文化財となり、昭和初期のモダンなコンクリート建築の曲線美と装飾に惹かれる。事前申告は駅員に伝えればよい。きっぷ購入の際にどのみち「ほうらい丘駅まで」と伝えるので、自ずと次の便を停めることになる。乗車する方法も親切に教えてくれた。「今日は0分、30分間隔の運行ですので、発車前に乗車する旨をお伝えください」と念を押される。発車してからでは停車できないとのことだ。

発車5分前に改札が始まった。ケーブルカーは山頂の比叡山駅に設置されている巻上げ機によって操作されて登り、運転士ではなく車掌が前部に乗務し、放送とドア扱いをする。非常ブレーキに手をかける車掌がドア扱いを行い発車。「ほうらい丘駅で下車ですね、左のドアが開きます」と伝えてくる。乗降は車掌側、つまり最前部のドアで行うため、先頭部で待機する。発車すると曲線の多い路線らしく、いきなりの左カーブ。レールの間を這うケーブルも、よくもまぁ美しく曲線を描いているものだ。曲線用の滑車が受け皿となり、車両はケーブルを命綱に曲がっていく。と、鉄橋が現れた。その先は一番目のトンネル。線路は間伐された杉林に覆われ、緑に包まれた空間をそろりそろりと登っていく。鉄橋とトンネルの間にホームが望めた。

「ほうらい丘に到着します。」車掌の放送が入る。下車するのは私１人。ああ、私のために停車するなんて。ちょっと優越感のような、小っ恥ずかしいような、複雑な気分。車両はゆっくりと停車してドアが開く。当然ながら車中の視線を一気に浴びて下車する。自己申告して駅へ停めた！　私のために！　そこまで大袈裟に感じることもないが、鉄道は決められたルールに則り、自分が合わせて利用するものと叩き込まれてきたから、自らの意思で営業列車を停めるのはどこか背徳感がある。

降り立った。ホームは勾配途中にあるため傾斜が強く、グッと足腰に力が入る。坂本ケーブルのホームページによると、ほうらい丘駅は「厳かな雰囲気に包まれた神秘的な秘境駅」と記されている。杉林に囲まれたホームは緑の香りが全身を包み込む。さっそく厳かな雰囲気に囲まれて畏まる気分だ。さらに厳かと感じるのはホームを降りてからだ。石仏がずらっと安置された霊窟がある。大正末期、坂本ケーブルの建設中に大量の石仏が発掘された。石仏は織田信長の比叡山焼き討ちによって犠牲となった人々の霊を鎮めるため、この土地の人々が石に仏を刻んだもの。ケーブルカーの建設がなければ、現在も人知れず山中へ没したままであっただろう。

発掘された石仏が納められた霊窟は、ホームの傍らに静かに佇む。森閑とした空気、遠くで聞こえる滝の音、荘厳な霊窟。自然と手を合わせていた。駅と霊窟の空間は広いとはいえない。木漏れ日が苔むした地面に降り注ぎ、その雰囲気は駅というより古刹。あるいは古代遺跡に訪れたときの厳かさ。秘境駅と一言で表すには勿体ないような、もっと荘厳な言葉が似合う。ホームの階段に腰掛け、いつまでも味わっていたい。そんな気にさせてくれる。

さて、次はもたて山駅だ。次の便が坂本駅を発車する前に知らせろとのこと。ケーブルが動き始めたら発車したことになるから、その前に連絡しなければいけない。ホームのインターフォンを押す。家庭用のごく一般的なインターフォンだ。〃ピンポ～ン〃……。どこかのお家訪問みたい。「はい、どちらまで行かれますか?」家主が出た……ではなく、

ほうらい丘駅でインターホンを押す。インターホンは濡れないようカバーの中にある。これを押してケーブルカーを呼ぶのだ。

坂本駅の駅員が出て応対する。「もたて山まで、次の列車で」「はい、かしこまりました。お待ちください」誰もいない森閑とした空間で、こんなやりとり。じつに新鮮だ。

ケーブルが動き始めた。最初はゆっくり、すぐに速く走る。程なくして下方の鉄橋から車両が現れた。車内は先ほどよりも乗車している。下車したときよりも倍以上の視線を浴びて乗車。こんなところから乗る人がいるのか？　そんな会話が聞こえてきそう。

一番目のトンネルを潜り、ぐんぐんと坂を登っていく。右へ左へとカーブが連続するケーブルカーも珍しい。前方の展望が楽しくなってきた。二番目のトンネルを潜る。車掌には坂本駅員経由で下車と伝えてあるから、左カーブになる頃に速度が緩み、左手に小さなホームが見えてきた。その先は鉄橋。鉄橋の保線用施設の仮設ホームかと思えるほど小さな乗り場と、とってつけたような待合スペース。これがもたて山駅である。ほうらい丘駅よりもこぢんまりとしている。

車両はじわりじわりと勾配途中のもたて山駅に停車する。前面ガラスには鉄橋が迫り、右手は急な崖。「こんなところで止まるのやめてぇ」と、立ち客のどなたかが呟く。ああ、すみません。私がここで降りると言ったばかりに。でも、堂々とせねばならない。こちらはわざわざもたて山駅を目標にして乗車したのだから。

もたて山駅のホームは板張りである。２９６‰という急勾配上に配された板張りホームは、まさに足場といった感で、たしかに保線施設と勘違いしてしまう。滑り止めの横木があるので、仮に濡れていても滑り落ちることはないが、足元をよく見ないといけない。ケーブルカーの途中駅はいくつか巡ったが、もたて山駅ほど足場っぽい駅もそうそうないのではないか。ホームの坂本側は板張りではなく網目の鉄板である。

そして目を引くのが待合スペース。波板の屋根に木板を組み合わせた柱、2脚の木製ベンチ、それに動物の木像と、庭先に造られた休憩スペースといった趣で、手作り感が伝わってきてなんだか楽しい空間になっている。定員も2～3名と猫の額ほどの空間だが、この駅自体が尾根の斜面にへばりつきながら存在しているので、よくバランスを保ちながら設置したなと感心しきりだ。

もたて山駅前の小道はすぐ登山道である。第１章の生駒ケーブル霞ヶ丘駅と似たような立ち位置かもしれない。駅は琵琶湖が一望できる展望台、土佐日記の作者・紀貫之《きのつらゆき》の墳墓の最寄りであり、散策やハイキングで下車する利用者がいる。

坂本ケーブルは戦争末期に海軍に接収され、特攻基地を建設。戦後基地跡を整備してキャンプ場（テント村）が開設し、もたて山へ移設された。このキャンプ場アクセスのため、もたて山駅が開業したのであった。正確な数字は無いが、昭和40年代が駅利用のピークで、グループ客や団体利用も多く、美空ひばりや宝塚歌劇団がキャンプ場へ訪れて賑わせたと、坂本ケーブルの記録に残っている。現在の乗降者数はほぼ０人に近い。

「ゴーン……」どこかで鐘のつく音が聞こえた。木々が茂っていて遠望できないが、位置的には延暦寺が近い。いよいよ比叡山にいる実感が湧いてくる。尾根づたいに吹く風が爽やかになびく。紀貫之の墳墓はそこそこ歩くようなので辞退し、次の便で山頂の延暦寺駅まで行こう。再びインターフォンを鳴らす。今度は山頂側の延暦寺駅と繋がった。ほうらい丘駅は坂本駅、もたて山駅は延暦寺駅と担当が異なるようだ。

斜面にへばりつくホーム。仮設の保線施設にも見えてしまう構造だが手作り感が満載で、佇んでいると楽しくなる。駅名標の隣には木彫りのオブジェ。

「次の列車で……」「はい、かしこまりました」タクシーを一台お願いします、みたいな会話。しばらくして、地面のケーブルが動く。ホームから延暦寺駅がチラッと見え、車両が降りて通過していった。その後はケーブルが停止することがない。ということは、麓からの車両は、ほうらい丘駅も通過して登ってきているのか。あちらも、誰も利用者がいないことになる。数分して車両が登ってきて停車した。ドアが開く。何人かが「え!?」と見つめてきた。どうもすいません。途中駅からお邪魔します。やっぱり照れくさい。

これぞ終端　長門本山駅

終端の駅は魅力的な響きがある。もうこれ

以上先は道がないぞとばかりに車止めが行く手を遮り、線路はプツッと途切れ、ホームがポツンと佇み、周囲は商店街どころか人気《ひとけ》すらない。そんな終端駅へ行きたい。別に嫌なことが重なって疲れたわけではないが、旅を続けていると「これ以上先に線路は無い」駅へ行ってみたくなる。

山陽新幹線新山口駅で、新幹線から宇部線へと乗り換える。宇部新川駅に到着すると、乗り換えの電車は単行列車だ。両方に運転台を持つ黄色のクモハ１２３形電車が、４番線で発車を待つ。時刻は18時台。単行列車は通勤通学者を乗せて、ほぼ満席で発車。４駅先の雀田駅で車内の学生達をかき分けて下車すると、Ｖ字状に展開するホームの左手にも同じクモハ１２３形が停車する。通称「本山支線」だ。行き先は終端、長門本山駅である。

こちらには５人の乗客が乗車した。５人も乗ったのか、５人しか乗っていないのか、表現の違いで印象は異なるが、乗客はみな通勤通学など日々の利用者とみた。この人数がデフォルトなのだろうか。程なくドアが閉まり発車。ワンマン運転のため自動放送が入り、途中駅の浜河内駅を告げると３人下車した。車内にはあと２人、終点まで乗車する。

長門本山駅の本数は朝７時台に２本、夜18時台に１本で、これが終電。すぐ目の前は周防灘で、本山岬と標高１３５ｍ余りの竜王山の間に挟まれた住宅地の外れに駅がある。小

朝の２本目がやってきた。炭鉱が華やかだった頃はこの空き地にも線路が敷き詰められていたはず。今はポツンと佇むホームに単行列車が到着する。

野田港へ至る県道が駅のすぐ目の前で、人通りは少なく、本当に何もない終端である。アクセスの悪さや周囲の何もなさから、この駅は秘境駅の部類に入るだろう。終端は秘境駅というわけだ。

長門本山駅は、１９９２（平成４）年に鉄道ファンの友人達と九州旅行の帰り道で立ち寄った。もうすっかり夜であったが、戦前の旧型国電の生き残り、クモハ42形電車がこの路線を受け持ち、闇夜の中で野太い音の釣り掛けモーターを轟かせ、ニス塗りの床板や重厚な座席がこの車両の年輪を表していた。一往復の乗車ながら、時代を超越した旅路を堪能したのであった。余談ながら、宇部駅で怖そうなお兄様達（いわゆるヤンキー）に絡まれ、記念写真を撮れと言われて震える手で彼らを撮影した。ご丁寧にも送付先の住所と名前を書いてくれたので、焼き増ししたプリントを送ったのだが、今回30数年ぶりに現地へ訪れて、ふとあの方々も立派な中年かとしみじみ感じていた。

それはさておき、先ほどから車体側面部にやたらと枝葉が当たっており、まさに秘境へ行く気分だなと思っていると、長門本山駅へ到着した。乗客2名はさっさと下車していき、駅前に置いてある自転車へ乗って家路へと急ぐ。電車の折り返しまではだいたい20分。18時台でも外はまだ明るいのが幸いし、短い時間ながら駅観察ができる。

駅、といっても線路は構内外れから短いS字カーブでクネっと曲がり、一両分の片面ホームと一線の至極単純な構造である。簡単な待合スペースは風除け程度で、駅舎は土台を残すだけで何も無い。駅前は県道であるが、敷地境界線は曖昧に見えて、どこから駅敷地かピンとこない。でも、冒頭に評したプッツと途切れる車止めと線路、ホーム一面だけの簡素な構造、人気も少なく駅だけがポツンと佇んでいる雰囲気は十二分に漂っている。そう、クモハ42形でやってきた時は真っ暗だったから分かりづらかったが、こういう雰囲気の終端へ来たかったのだ。駅はしん……と静まり、電車の灯りだけが灯っていて、静かなひとときが流れている。

最終電車の発車前、片面ホームには誰もいなかった。郵便ポストとバス停。
背後の団地。誰もいない空間。郷愁を誘う終端に相応しい役者が揃う。

県道の先から駅を眺めてみる。曖昧な敷地境界の駅前にはポツンと郵便ポストとバス停が立ち、それがよりうら寂しさを演出させてくれる。掘立小屋のような待合スペース、花壇にはツツジが見頃で、その背後には黄色い電車がポツンと可愛らしく停車している。何もない終端には伸びてきた線路が力尽きて、あ、プツッ……と途切れている。きゅんと胸を締め付けられるような寂しさがまた良い。

途切れた線路は、昭和の中頃まで周防灘まで伸びていた。一帯はかつて炭鉱の町であり、１９６３（昭和38）年の閉鎖まで本山炭鉱があった。周防灘沖合の海底に約３㎞の坑道が伸び、長門本山駅は石炭輸送を担う駅であったのだ。その面影はいずこへ、いまはご覧のとおり、何もない終端となっている。名残といえば駅到着前に線路がＳ字でくねる部分が、側線の分岐していた跡だろう。後日『国土変遷アーカイブ』の米軍撮影航空写真をチェックしたら、不明瞭ながら周防灘の岸壁へ向かう線路が数本確認できた。現在は住宅地となっている箇所も、炭坑閉山までは坑口があったのだ。

その当時はホームにヒサシのついた立派な木造駅舎があったそうだが、いまや面影は一切ない。と、駅前広場の砂利に黒い石や粒々を発見した。アスファルト片にも見えるが、石炭の破片にも見える。どうなのだろう……。

駅の先の道路脇にはクモハ42形の絵画と写真が飾ってある。2003年のクモハ42形運行終了20年を記念して展示したようだ。この向こうは周防灘。

18:37。発車する終電を見送った。その列車に乗らないと帰れないのだが、宇部新川に宿を取っており、数分後に駅前のバス停から小野田方面へと路線バスがある。時刻表を見ると、適度に路線バスの本数があるので、列車がない時間帯だとしても、他の公共交通機関は確保されている。クモハ123形が去った後は、明日の朝まで列車は来ない。薄暮の空に包まれた片面ホームは、息を潜めて眠りにつくように闇へと没していく。

翌朝の6時過ぎ。天気はしとしと雨。宇部新川発の始発電車に乗り込む。この電車もクモハ123形の単行列車だ。あらためて単行列車という響きに、旧形国電に乗車した時の高揚感を重ね合わせてワクワクしてくる。乗車しているのは通勤者が1名と、明らかに長門本山駅へ向かう旅人が2名いる。

前日に続き、再び長門本山駅へ降り立つ。小雨が降る中、到着した電車に間に合うよう傘を差し、線路脇の小道を歩く学生の姿が目に入る。ホームにも学生。折り返しに乗り込んでいく。そうこうするうちにぽつぽつと通勤通学者が駅へ集まって、電車へ乗車していく。前夜の最終列車とは異なる情景に目を見開いた。朝は利用者が多いのか。

朝は2本の運行がある。7：09発と7：35発。9分発が発車する前後から小雨は本降りとなって、傘が手放せない。やがて朝のラストとなる列車が到着。いつもの利用者たちは、駅へ到着しては淡々と電車へ乗り込んでいく。夜の最終列車と比較しても、明らかに朝のほうが乗車数が多い。ＪＲ西日本に取材したところ、２０２２年度の一日平均乗降者数は44人とのこと。この数字は少ない部類であるが、利用者が０人に近い秘境駅の部類からみれば「けっこう利用者がいるな」と感じる。朝の長門本山駅は、通勤通学のちょっと空気の張った雰囲気に覆われている。車内はいつのまにかロングシートが人々で埋まりかけ、雨でも駅前をウロウロとしているのは旅人だけ。行動が分かりやすい。

発車ベルはとくにない。最後に旅人たちを乗せ、時間となったらドアを閉めて、静かに発車していく。この次の列車は18時台までない。最後尾の窓から、雨の水滴で歪んだ灰色の景色が過ぎ、長門本山駅は灰色の世界に覆われて雨の中へと消えていった。

海外の秘境駅① スコットランド オルトナブリアック（Altnabreac）駅

どこか遠くへ行きたい。どこまでも遠くへ。2019年夏に英国へ訪れ、とにかく北へ向かった。どうせならば英国最北端の駅へ行こう。スコットランドのハイランド地方、ケイスネスのサーソー駅が最北らしい。元々はサザーランド・アンド・ケイスネス鉄道サーソー支線の終点で、現在はスコットレールのファー・ノースラインとなっている。英国の鉄道は合併や統合など複雑な経緯があって、この路線も経緯を述べると長くなってしまい、ここでは紙幅が足りなくなるので割愛する。

最北駅へ行くぞーっと言いながら、エディンバラのフォースブリッジを眺めて寄り道をしつつ、やっとのことでインヴァネス駅へ。ここからサーソー行きへ乗って、終点までゆっくりハイランド地方の景色を堪能しようと、6番線に停車中の2両編成のディーゼルカーへ乗車したら、発車時刻になっても動かない。駅係員が「壊れた。今日は動かない」と言う。サーソーから先、メインランド島へ渡る観光客で満員だった車内は意気消沈し、改札の外へ出て指示を待つ。最北の駅へそうは簡単に行けないようだ。

　このようなトラブルは慣れているから、どうにかなるだろう。コーヒーでも買ってゆっくりしていたら、結局、代行バス輸送となってどうにかなった。むしろ、代行バスを出してくれるのかと感動した。観光バスの最後部で、地元の親子連れと仲良くなり、スコットランドの国旗がついたキーホルダーをもらう。お守りかな。バス旅も悪くない。サロベツ原野みたいだなぁと、道路から過ぎ去る丘陵地帯を眺めながら、日本の光景との共通点を探す。無事にサーソー駅へ到着した。

　運休はその日だけだった。翌日からは最北の駅と路線を堪能し、ふと適当な駅で降りてみようと思い立った。ファー・ノースラインはリクエスト停車と言って、無人駅は乗降がなければ通過扱いとなる。事前に降車の旨を車掌へ伝え、乗車する際はホームでタクシーを止めるが如く挙手をして停車させる。列車は徐行しているので大丈夫だ、ちゃんと停止する。この方式は日本では導入されていないので、ぜひとも体験したかった（似たような方法が、前述で紹介した坂本ケーブルの申告乗車だろう）。

　ではどこで降りよう。行き当たりばったりの旅だから全く予備知識はない。文明の利器、Google mapを使って、草原の中の駅を見つけた。まったく、現代らしい見つけ方だ。いままで培ってきた旅の嗅覚が、こういうのを使うと衰えていくよなぁとブツブツ独り言を垂らしながらも、ついスマホを頼りにしてしまうのだから、そろそろ昭和平成の考え方を変えたほうが良いのだろうか。もっともスマホの電源が落ちてしまえば使えないのだから、万が一のためにも旅の嗅覚は研ぎ澄ませておいたほうがいいと思う。

サーソー駅を発車後、検札が来る。今回の旅は外国人用フリーパス乗車券のブリットレイルパスを使用しているので、車掌から切符を買う必要はない。「オルトナブリアック駅で降りたい」と車掌へ伝えるも、発音が難しく聞き返される。スマホ画面を見せて「OK!」。この駅名、私には発音しにくい。元はスコットランド・ゲール語らしい。〝the stream of the trout〟(マスの流れ、マスの小川)の意味だとか。川にマスがいっぱい泳いでいたのか。駅名は土地の名から命名された。そういえばファー・ノースラインの駅名にはゲール語表記もある。この言語を使用する人々がまだいるという。

車窓は羊が点々と佇む草原地帯に農地、荒涼とした原野が主役だ。2両編成のディーゼルカーは軽快な音を奏でながら快走する。家が一軒もない。どこまでも、どこまでも草原と雑木林と、湿地帯。と、列車は減速しはじめた。オルトナブリアック駅が近づいてきたのだ。最北に程近い地で、異国人の私1人のために列車が停車する。ちょっとだけ恐縮する気持ち。片面のホームに到着した。私1人を降ろした列車はすぐに発車して牧草地を駆けていく。曇り空だからより寒い。北緯58度の空の下では、真夏ながら上着が必要だ。

オルトナブリアック駅は線路が一線、ホームが一面のみ。原野にポツンとあって、針葉樹に囲まれている。対向ホームの痕跡があって、給水塔の跡、それにホーム端には貨物側線の跡と貨物ホームの痕跡。敷地内に使い古されたコンクリート枕木が山積みとなっている。典型的な交換駅の跡である。給水塔があることから、蒸気機関車時代はここで補給していたことが窺える。

遠景は針葉樹の森に牧草地、湿地帯が視認できる。貨物ホームの先にはゲートがあって、その先は牧草地らしい。はるか先に納屋か家が見えるが、あれは使っているのだろうか。とにかく何もない。いや、駅前に家がある。なぜか、自動車整備場にある立派なジャッキで、車が半分持ち上がったまま放置されている。サスペンションのスプリングがダメにならないか？　でも、人の気配はしない。なんだここは？

ホームに答えらしき看板があった。駅周辺は自然公園のようで、トレッキングのスポットになっている様子だ。少し離れたところに小さな湖や沼があって川もある。釧路湿原ほどの湿地帯ではないけれど、大自然の中でトレッキングでき、再び駅へ戻ってくるコースが看板に書かれていた。なるほど、そのために近年設置された駅なのか。と思ったが、朽ちた対向ホームの壁面が石積みで古く、給水塔もだいぶ古い。これは相当前からある駅に違いない。あえて事前に調べなかったけれど、やっぱり気になったのでスマホを……と画面を見たら圏外。あ、そうか。駅前に家があるとはいえ、本当に住んでいるのか分からないし、ここは人口希薄地帯なのだ。圏外でも不思議ではない。ほら、文明の利器がさっそく役立たずになった。

あれ⁉ ということは、列車情報も入手できないのか。ホームに電光掲示板はない。ソーラーパネルは照明用だ。掘立小屋風の待合室は紙の時刻表と注意書きが掲示してあるのみ。これはまずいな。運休の二文字が頭を過る。

サーソーへ行こうとした時、列車は突然運休となった。天候以外でも車両故障での運休はあり得るし、実際に故障の体験をしてしまったのだ。さっき降りた列車がどこかで故障したら？ 代行バスは各駅でお客を乗せていったけれど、この駅は寄らなかった。そもそも、バスが入って来られるような道が見あたらない。

もし、あの列車で運休となったら、この駅で情報を得ることができない。放送はあるのかもしれないが、現地の言葉がどこまで理解できるか怪しい。それに車掌が降車を知って

駅前は一軒家とジャッキアップされた自動車があるだけ。針葉樹の先は原野。あとは牧草地。電波が圏外の駅は社会から隔絶され、完全に1人になれそう。

Wick行きのディーゼルカーが停車する。手を挙げないと通過扱いとなるリクエスト停車方式だ。右側は駅前の家。古写真を見ると駅舎があったらしい。

いたとしても、私のいでたちは大きめのバックパック一つ。トレッキングなのかと思われたかもしれず、大して気にしていないのかもしれない。

万が一のことを考えてしまうと不安になってくる。天候もどんよりしているし、雨が降ってきたらへこたれる。せっかく最北の何もない秘境駅を堪能したいが、圏外ひとつでビクビクしはじめる。バスでもらったキーホルダーがお守りになってくれと願うばかり。うぅむ。せっかくの楽しみなのに列車が来るまで気が落ちつかない。どうしようか。

不安で心がざわざわしていると、一匹の灰色の猫が現れた。おや、猫さんこんにちは。どこから？　きっとジャッキアップした車の家の子だろう。毛並みがきれいで人懐こい。晴れ間が差し込んできた。君は不安な気持ちを和らげにきたのか？　猫は道端で毛繕いを始める。どうやら違うようだ。単に人の気配を感じて、遊ぼうかと寄ってきたみたい。そんな猫の能天気さに、いつしか不安な気持ちは吹っ飛んだ。人懐こい猫は被写体に事欠かない。端正な顔立ちに笑みが溢れてくる。仮に列車が来なかったら駅寝になるのか。幸い、荷物は全部持っている。インヴァネスのドミトリー宿をキャンセルするか。圏外なのに？　半ば駅で一晩を覚悟し始めたら、どうでもよくなった。貨物側線の痕跡と猫を撮りながら時間を潰す憩いのひととき。案外自分も能天気な人間なのかもしれない。

やがて乗車予定の列車が来る10分前となった。猫と別れてホームの端へ向かう。線路が下り勾配となっていて、大草原地帯が望めるのだ。列車がやってくるならば、この大草原地帯と列車を絡められる。遠くの森に目を凝らしていると、果たしてヘッドライトが光った。定時運行のようだ。

よかった！　列車はやってきたのだ。こんなに列車の登場を喜んだのは不思議な気持ちだが、決まった時間に列車がやってくるという当たり前のことに感動する。よく海外の鉄道は遅れることがつきものだが、遅延もしなくてホッとする。

２両編成のディーゼルカーは大草原を駆けて近づいてくる。その光景はまるで根室本線だ。宗谷本線かもしれない。またもや日本の景色を重ね、最近はＪＲの車両も海外っぽい風貌になってきたから、景色が重なるなぁと独り言ち、シャッターを切る。秘境駅へ訪れると独り言が増えるのだ。一人旅なのだからこればかりは仕方ない。

運転士は私の姿を見て減速する。ひょっとして、先ほど降車した私を覚えていたのかもしれない。その真偽のほどは尋ねなかったが、何もない駅で人が佇んでいるので、乗車するのかと予期したのではなかろうか。

こうして英国の秘境駅へは訪れることができた。英国に秘境駅探訪という趣味があるのかは別として、周囲に町も何もない駅はいくつか存在するという。その後、得た情報によると、オルトナブリアック駅はサーソー駅と同じサザーランド・アンド・ケイネス鉄道によって１８７４年に開業した歴史ある駅だ。同鉄道はハイランド鉄道へ吸収され、現在はスコットレールとなっている。１８７４年と言ったら、日本では明治７年。新橋駅〜横浜駅間が開業して間もないときだ。約１５０年前に開業した駅が秘境駅なのか……。

駅が開業したのは町か炭鉱か、鉄道の拠点となる施設が存在したかというとそうではないらしい。どうやら上下列車が交換する補給地点で、駅ができた当初より原野にポツンとあるロケーションであったようだ。実際に現地で取材したわけではないから伝聞となるが、駅の状態と設備を見る限り、原野の補給地点であったというのは納得できる。

数年前、スコットレールはリクエスト乗降のシステムを改め、リクエスト停車用の端末を駅へ設置した。次回この駅へ行くことがあったら、ガラッとシステムが変更していることに戸惑うだろう。携帯の電波も届いていると助かる。停車のシステムだけ変わって、あとは全く変化無いのかもしれない。勘なのだけれども、オルトナブリアック駅はずっとロケーションが変わらない気がする。

海外の秘境駅②　タイ王国　ワンイェン（Ｗａｎｇ　Ｙｅｎ）駅

タイ王国の鉄道は民営ではなく国鉄が主軸である。国土をカバーする路線網は約４０００㎞あり、東、南、北、東北の各本線からいくつか支線がある。その一つ、南本線ノンプラドック駅からナムトック（Ｎａｍ　Ｔｏｋ）駅まで結ぶナムトック線がある。この路線は日本にとって関わりが深く、ルーツは１９４３（昭和18）年に開通した泰緬《たいめん》鉄道である。

泰緬鉄道はタイとビルマ（現・ミャンマー）を結び、日本陸軍鉄道連隊が約1年という突貫工事で開通させた。密林地帯と国境越えの峠をほぼ人力のみで建設し、その労力の多くは連合軍捕虜と東南アジア各地の労働者で補い、数万人の犠牲者を出した。映画「戦場にかける橋」の舞台となった鉄道であり、犠牲者の多さから欧米では「死の鉄道」と呼ばれている。泰緬鉄道は終戦により撤去されたが、戦後一部区間がナムトック線となって復活。沿線の開拓や生活路線となり、現在では欧米やアジア各国の観光客が多数訪れる観光路線である。

私は、祖父がビルマ戦線の生還者であったため、とりわけビルマに関することは興味があり、小学生の頃にテレビで観たクワイ河マーチ、C56型蒸気機関車、泰緬鉄道の特集が脳裏に焼き付いていた。泰緬鉄道へいつか行ってみたい。その希望は大人になって実現し、初めての海外一人旅はこの鉄道を訪れ、歴史的なことや地元の方々と触れ合うことで、この路線を撮り続けていこうと、その後も数回訪れている。

ゆえに、タイの国鉄はほぼナムトック線のみしか乗ったことがなく、他の路線は存じない。例えば定期列車が早朝と夜の一往復しか走らないスパンブリー線というのもあって、他の地域を探訪すればもっといろいろな駅があるはずだ。タイ国鉄の秘境駅を紹介するには情報が偏りすぎてはいるが、私が体験してきたナムトック線で「この駅は秘境駅だなぁ」と感じたワンイェン駅を紹介しよう。

ナムトック線は全線単線である。列車はノンプラドック駅から郊外の田園地帯と市街地を快走し、カンチャナブリ駅を発車すると車窓はガラッと変化してクエー川に沿った山間部を線路が縫う。

線路はクワイ川鉄橋、チョンカイの切り通しといった泰緬鉄道の遺構を通り、しばらくすると上下列車の交換駅へ到着する。ここがワンイェン駅だ。場所はカンチャナブリ県ワンイェン。地図を見るとクエー川の北側にある町で、駅の近隣にワット・ワンイェンという寺院がある。この寺院の名が町名になったのかもしれない。

初めて訪れたのは２０１３年３月。レンタルバイクで沿線を撮影しながら立ち寄ってみると、駅舎には木々の木漏れ日が差し込み、野良犬が暑さから逃れて寝転び、駅前は畑が広がっていた。

南側の方が住居や寺院があって玄関口に相応しいのだが、駅舎はなぜか北側を向く。利用者はぐるっと北側へ回るのかと思いきやそんなことはなく、堂々と構内の線路を歩いてホームから駅舎へ行く。よくよく見ると、通路らしい目印が線路にあった。

列車は一日３往復。嬉しかったのは、無人駅ではなく駅員が数名配置されていることで、駅長以下２名の駅員がいた。体格の良い駅長が日本から来た旅人を珍しがり、写真を撮っていけと言いながらも、自分の携帯電話に保存した日本の動画をやたら見せてきて人懐こい。駅舎内では駅員が昼寝をし、なんというのどかさだ。時が止まっているかのような空気に包まれているではないか。国が変われば、駅員の過ごし方も変わる。

キンキンキン！

駅舎内に鐘が響く。通票閉塞器から鳴る懐かしい響きだ。ナムトック線は通票閉塞で、全交換駅には駅員が配置され、列車の発車後には閉塞器の鐘が響き渡る。駅員が起き上がり、タブレットキャリアの輪っかをホームにある授受器へ装着する。駅長は「俺を撮れ！

俺がこの腕でキャリアを受け取る！」とジェスチャーしながら胸を張る。

機関車が現れた。左腕を突き出す駅長。あの腕でタブレットキャリアをキャッチする。機関車から身を乗り出す機関助士の手にはキャリアの輪っか。緊張の一瞬。バチン！音が聞こえたような気がした。キャリアは駅長の左腕にかかり、勢いよく回転しながら背中に当たる。私はＧＪと親指をあげ、撮影は成功したと伝える。

それから10年後の２０２３年。ワンイェン駅へ再訪した。あの長閑な雰囲気をまた感じたくなったからだ。列車は相変わらず3往復で、鉄道での訪問は時刻表をよく見てプランを立てたほうがいい。今回は終点のナムトック駅で宿を決めておき、昼の上り列車で訪れ、夕方の下り最終で宿へ向かう。

観光客でいっぱいの列車を降りる。変化があるのはホームに屋根がついたこと。この10年の間に少しは進化しているものの、野良犬は相変わらず涼しげな床に寝そべっている。駅長は前回とは違う人物のようだが、スマホの動画をずっと見ている。駅舎内には若手駅員が2名いて、1名は奥で寝転ぶ。10年前の長閑さは全くといって変わっていなかった。

ワンイェン駅が秘境駅だという確たる指針はない。付近には幹線道路があって、車やバイクでの訪問は容易だ。ナムトック線は観光路線となり、沿線も観光地化されているなか

列車が来るまでの間、タブレットキャリアを受け取ったAさんとずっと話していた。ここで下り列車と機関車交換をする。

駅舎にある通票閉塞器を撮らせてもらった。写真はモノクロだが閉塞器は深緑色をしている。Aさんは「今日は通票の信号の調子が悪い」と話していた。

で、駅前は数軒の家と畑だけ。駅員配置駅とはいえ、思い思いのスタイルで空いた時間を過ごし、時が止まるほどまったりとした空気が駅を包み込む。その光景が秘境駅だとじわり感じてくるのだ。

「日本から来たのか?」

駅長が片言の英語で話し、再び動画に耽る。と、ハキハキと動く若手駅員(名前を聞き忘れたのでAさんにしよう)が片言の英語で話しかけてきた。こちらも片言で会話をする。そこで文明の力を借りて翻訳アプリを駆使した。

駅が開業したのは80年くらい前。駅舎は一度火事で燃えたので再建した。駅員は3、4人配置され、駅長以外は通勤しているとのこと。Aさんは爽やかな青年で、バンコクに住んでいるが、週6日はワンイェン駅に寝泊まりする勤務だという。バンコクとこの駅へは車通勤で、さぞかし大変そうに思えた。車で2時間半の道のりだそうだ。

「観光客は降りないよ。地元の人ばかりだね。ここは寺があるくらいだよ。」

Aさんは笑う。たしかに「死の鉄道」へ訪れる観光客たちは、クワイ川鉄橋やアルヒル桟橋といった地点へ訪れ、地元の人だけが使う地域密着型の交換駅には目もくれない。しかし、私がこの駅へ再訪したのは、大変長閑な雰囲気と駅員がいる交換駅に惹かれたから

ディーゼルカーの観光列車が猛スピードで通過する。駅長と駅員はホームで通過を見送り、背後では運転助士がタブレットキャリアを掴もうとしている。

だ。観光客にはスルーされるが、私はこの駅への訪問を目標の一つに、日本からやってきた。

キンキンキン！

閉塞器が静寂を破る。あの音はまだ健在。数駅手前のターキレンから発信された信号を受信した。ナムトック線には駅員配置駅の他、簡易乗降場のような無人駅が点在し、ターキレンとの間にも無人駅が４ケ所存在する。

泰緬鉄道が開通したとき、駅はかなりの数が設置された。「昭和19年泰緬連接鐵道要図」によると、ターキレンは開通時から存在していた。その手前はバンカオ、ターポン、ワンランで、どの駅も上下線交換駅の表記がしててある。このバンカオとワンランは現在、交換設備の無いホーム一面のみの無人駅として健在である。

ただしターポン駅は存在しない。廃止されたのかと思ったが、位置的にはワンイェン駅だ。駅名が変わることはあり得るし、２０２３年は泰緬鉄道開通80周年にあたる。Aさんが述べた「80年前に開業」は、あながち間違っていないかもしれない。

やがて観光列車が通過する。駅長以下３名の駅員はホームへ整列。疾走するディーゼルカーから運転助士が身を乗り出し、タブレットキャリアを豪快に投げ、受け取る。その模様を見届ける。ありし日の日本の鉄道映画でもこういったシーンがあった。普段はゆっくりと時間が過ぎていく駅ではあるが、列車が来るときは鉄道マンがしっかりと見届ける。そのギャップにどんどんと心惹かれていく。

「いつか日本へ旅行するよ。東京の鉄道に乗りたい」

Aさんはその日を楽しみにしているそうだ。東京の地下鉄路線図を見せるとAさんは目を丸くした。

ここはワンイェン駅。今日も野良犬が寝そべり、駅長が動画を見て、タブレットの鐘が響く。この空気は時を忘れさせてくれる。

海外の秘境駅③　台湾　三貂嶺站&枋山站

世界には到達しにくい、周囲に道路も人家もない、列車が滅多に来ない、携帯電話の電波が入らない（携帯電話は現代人の命綱ゆえに、私は電波も重要な要素と捉える）、大自然に囲まれる……。誰一人来ないような駅が、きっとごまんとある。そこで、日本以外に「秘境の駅」と銘打って、いくつかの駅を紹介している国、台湾を訪ねた。

まずは三貂嶺站《さんちょうれい》である。站《ジャン》は日本語の駅の意だ。三貂嶺は日本語だと「さんちょうれい」、台湾では「サンディアオリン」と読む。三貂嶺站は台北から約1時間で訪問できる。

台湾の鉄道は在来線と新幹線、阿里山森林鉄道などがあり、交通の骨格を成すのが在来線の国鉄「台湾鉄路局」だ。台湾鉄路局（台鉄）は国土を一周する本線系統を区切って、いくつかの路線名が振られている。台北站は縦貫線の駅で、そこから東へ4駅目の八堵《バードゥ》站から宜蘭《イーラン》線となる。線路は基隆河に沿い、山々が迫ってくる。幹線は山間部へと分け入り、その昔は炭鉱が点在していた。かつては鉱山が隣接し、今や猫村と呼ばれて人気スポットの猴硐《ホウトン》站を過ぎるとトンネルを潜り、どんどんと山深くなる。基隆河と山間の合間を線路が縫い、日本の中央本線のような山岳幹線の様相となってくる。

トンネルをいくつか潜った。車内放送が入るといよいよ三貂嶺站だ。ここは観光路線として人気の平渓線《ピンシー》の分岐駅となっている。深い谷を形成する基隆河にへばりつくよう相対式のホームがあり、道路は対岸にしかない。駅へのアクセスは列車のみだ。落石覆いが連続し、少々陰気臭いというか、半地下駅のように思えてきた。

「ここは駅なのだろうか？」

降り立った時の感想だ。ホーム幅は大変狭く、トイレは使えるがホーム上は工事中で、注意喚起の赤電灯が点滅している。それに何といっても頭上を圧迫する落石覆いの存在だ。電車はあっという間に発車していき、交流電化の架線から「ジージー」と音が響く。

こんなところに分岐駅が存在することにちょっと驚く。深山幽谷といった趣きだが、訪れるのは手軽で、台北站から普通列車の「區間車《チュージエン》」に乗れば来られるのだ。切符は「iPASS」というSuicaのようなICカードが対応している。台北滞在中の半日を使えば、余裕で訪問できる。

そして目を見張ったのが、降車客の多さである。老若男女問わず、アジア系から白人系まで人種も様々。多彩な人々が降りて、その数50人はいるのではないかと思われる。人の列が駅舎へと流れ、私も流されるままに駅舎を観察する余裕もなく下車してしまった。

三貂嶺站は台湾鉄路局の統計資料「中華民國111年（2022年）臺灣鐵路統計年

平渓線の列車が駅へ到着する。平渓線は通票閉塞のためキャリアの輪っかを駅員へ渡す。利用者はこの細い構内踏切を渡って狭いホームへ行く。

谷間の斜面にへばりつくようなホーム。落石覆いが物々しい。幹線のため特急列車がよく通過する。左手は分岐する平渓線の線路。

報」によると、宜蘭運務段と呼ぶセクションの三等駅に属している。宜蘭線にある駅なので、セクションも同じ宜蘭となる。年間乗降数は、乗車が4万7208人（一日平均は129人）、降車が5万7703人（一日平均は158人）、合算乗降数は、年間10万4911人の一日平均287人。日本と同じような駅統計が台湾鉄路局でも公開され、駅を調べるときは助かる。とはいえ、統計の数字からは到底秘境駅とは呼べないほどの賑やかさである。では、どのあたりが秘境駅なのか。

駅舎は引き画で全景が撮影できないほど、基隆河の川縁に面しており、駅前は駅舎を振り返るスペースもなく谷底へストンと落ちる。このロケーションは秘境感たっぷりである。人波をやり過ごして駅舎内へと入る。出札窓口が2つと、椅子が数脚。どの席も先客がいる。人々は軽登山やハイキングの格好が多い。利用者が極端に少ないわけでもなく、むしろ大変賑わっている。何故だろうか。

その理由は駅舎外に出るとすぐ分かった。人々が次々と目をやる看板をみると、平渓線の線路沿いや周囲の谷間はハイキングエリアとなっているのだ。台湾はハイキングや登山、自転車といったアクティビティに熱心で、三貂嶺站周辺もそういったスポットのひとつ。秘境駅というよりも観光地の玄関口である。看板には立ち寄りスポットが記載され、ハイカー達はチェックしたり記念撮影したりと、狭い空間でザワザワとしている。

　看板には日本語も記載されており、三貂嶺站の成り立ちが詳しく記されていた。おかげでこの駅の歴史を窺い知ることができた。開業は日本統治時代の１９２２（大正11）年。狭隘《きょうあい》地には平渓線の機関庫もあった。看板にはしっかりと「秘境の駅」と記載されている。

　人波が去った後、駅舎を背にして線路沿いの小道を歩く。人がすれ違うのがやっとのほどで、すぐに気になるのが左手の崖に飛び出るようにしてある廃墟の建物。なんだろうこれは。部屋のあった場所に木が生えている。鉄道官舎の跡だろうか。厨房がないところからして飲食店ではなさそうである。駅前から僅か数十秒で廃物件があるこの空間に、しばし見入ってしまう。

　台湾では時々こういった廃墟と遭遇することがある。とくに柵を設けておらず、駅前にどんと廃墟が構える光景は、昨今の日本では見かけなくなってきた。道行く人々も物珍しげに見ている。山肌、複線の線路、幅狭なホーム、駅舎前が崖、線路沿いの小道には立派な廃墟。このロケーションだけでも、一度降りたら忘れられないクセのある駅だ。

　少し歩くと平渓線と宜蘭線の分岐箇所だ。左手の基隆河には古いトンネルが口を開けている。これは１９２２年に竣工した単線の三貂嶺トンネルで、新線の複線トンネルに切り替えたあと行政が史跡に指定し、いまでは散策コースとなっている。台湾は廃線跡や日本統治時代の建物などを活用し、現代へと伝えているケースが多い。三貂嶺トンネルもその好例だ。

ただし、トンネルへと至る道がない。平渓線沿いにかなり歩いて基隆河を渡り、ぐるっと戻ってくる形となる。道路が間近に存在しないから致し方ないのだ。下手に現代的な人道橋を架けないところに好感が持てる。今回は午後に台北で予定があるために探索は止めて、平渓線沿いを少し歩いた。

振り返って遠目に見る三貂嶺站は、ホームが狭いうえに落石覆いが立派で、そこに駅があることが分からないほどだ。後日、三貂嶺站の古写真を見たが、落石覆いがなく、山肌と川に挟まれた空間にホームがあった。その姿は山陰本線の旧保津峡駅（いまの嵯峨観光鉄道トロッコ保津峡駅）を連想させた。

台北への帰り。1本列車をやり過ごして駅舎内から観察してみた。秘境駅と言われる割には駅員が3名いる。駅員達は忙しそうに動いていたので尋ねられなかったが、勝手にホームへ出入りできないよう、改札作業をしているようだ。ホームは人の幅ほどしかない場所もあり、特急列車が何本も通過する。危険を回避する意味合いもあると思われる。

駅前から旧三貂嶺トンネル を望む。基隆河の深い谷が行く手を阻み、大回りして山肌にへばり付く桟道を行く。2022年に自転車道として整備された。

改札が始まった。ゲートが開き、待合室の人々は次々と改札を通っていく。ほとんどの人はｉＰＡＳＳを持ち歩き、ピッと機械にかざしていく。その光景は現代的ではあるのだが、列を目で追っていくと、駅員に促されて幅の狭い構内踏切を渡っていく昔日の光景が残っていた。台湾の駅は跨線橋や地下道がほぼ完備されていて、線路を渡る経験もそうそう無いが、ここでは現役なのである。

私もｉＰＡＳＳをピッとかざし、駅員へ促されて細い構内踏切を渡る。台北方面のホームは山側にあって、かなり細い。これは確かに危ない。かつて津軽海峡線の吉岡海底駅と竜飛海底駅があったが、それらと同じようなホーム幅だ。自ずと足元を注視してしまう。

反対側ホーム（宜欄方面側）の駅舎を見る。木造ではなさそうだが、平家建ての古風ないでたちだ。駅舎正面が崖ギリギリなので拝めなかったが、かなり古そうな駅舎である。ふと、左隣の工事現場で出札窓口を建設中なのが目に留まった。ひょっとしたら駅業務機能を新設しているのかもしれない。となると、旧駅舎は解体の憂き目に合うのか。だが古い建物をうまく活用する台湾のことなので、歴史的な価値として残存させるかもしれない。駅前も廃墟が残っているのだから、このままの姿が三貂嶺站らしい。

続いては枋山站《ファンサンジャン》。日本語では「ぼうさん」と読む。台湾鉄路局（台鉄）の路線はぐるっと環状する路線網となったが、険しい山脈の続く南部は１９９０年代初頭まで線路が繋がっていなかった。最後に開通した区間は枋寮《ファンリャオ》と台東《タイトン》を結ぶ南廻《ナンフイ》線である。

南廻線は開通時から非電化で、旧式の客車を使用した普通列車「普快《プークワイ》」が走っていた。普快はディーゼル機関車が牽引していたが、コロナ禍となった２０２０年末に電化され、この列車も廃止となってしまい、現在は観光列車として臨時運行をしている。

普快があった頃、枋寮から乗車すると、街が途切れて山間部の勾配を登っていき、南シナ海が望めるころに枋山站へ停車した。無人駅であり、滅多に利用者がいない。というよりも、停車する列車が一日2本程度なのだ。駅前まで道路はあるものの、列車で訪れるならば何時間も滞在せねばならず、この駅だけで一日を要してしまう。貴重な旅程をこの駅で消費するのは勇気のいることで、実現しないままコロナ禍となってしまい、訪台すら数年間ご無沙汰となってしまった。

先述した「中華民國111年（2022年）臺灣鐵路統計年報」統計によると、乗車が530人（一日平均は1人）、降車が3126人（一日平均は9人）、合算乗降数は、年間3656人の一日平均10人。興味深いことに降車数が突出して多い。片道は鉄道、帰りは停車する列車がないためにバス。パターンとしてはそんなところか。

時刻は、台東方面が6：56と13：23、枋寮方面が7：46と17：45と18：23。あれ、枋寮からだと、行きも帰りも列車で通勤できる時間帯だ。はて？　コロナ禍の影響があった2020年と21年は除き、2019年の統計では、乗車が432人（一日平均は1人）、降車が863人（一日平均は2人）。他の年も同じような数値であったが、降車数のほうが多い駅である。ゆえに、22年の降車数が極端に多いのは気になる。下車してチェックしてみたいが、本数が少ないゆえに実現できなさそうだ。現地へ訪れるとき、もし降りる人が多ければ、思い切って下車してみよう。

２０２３年２月、やっとのことで南廻線へ訪れることができた。既に電化されているから電車が走り、ディーゼル機関車の轟音は何処へ……と浦島太郎状態である。急行に相当する莒光号《ジューグワンハオ》に乗車してみた。莒光号は近い将来廃止予定で、いまや貴重となりつつある客車急行列車。電気機関車のモーター音が唸りを上げて、山間部へ分け入っていく。

「枋山」と自動放送が入った。電化となってからも枋山へ停車するのは、この莒光号を含めて２本、上下列車合わせて４～５本しか停車しない。ホームへ滑り込む瞬間に１人の若い男性が佇んでいた。見た目からして地元の若者っぽいがほぼ手ぶらで、旅人や鉄道ファンらしい雰囲気も感じられない。なんだろうと疑問に思っているうちに停車する。

車掌が何か放送する。対向列車の通過待ちか。南廻線は単線区間も多く、よく行き違いの停車をしている。そのための停車だったらわずかな時間しかない。ホームに出ている車掌に身振りで列車交換かと尋ねると、「５ｍｉｎｕｔｅｓ」と教えてくれる。定期のダイヤで５分停車をするらしい。ならば、この間に駅を観察できる！　完全に下車するわけではないが、少しでも駅前の雰囲気が味わえそうだ。

車掌に駅を撮ると伝える。ホームには「極南車站　枋山站」と刻まれ、ディーゼル機関車をかたどった銀色の看板が鈍く光る。極南……。ああ、最南端の意味か。枋山站は台鉄最南端駅なのだ。ＪＲ最南端駅の指宿枕崎線西大山駅のような存在である。

　ということは、最南端を目指して下車する観光客も多いのではなかろうか。枋山站の南は、台湾最南端の恒春《ハンチュン》半島と台湾初の国定公園「墾丁《ケンティン》國家公園」がある。最南端駅前から観光バスで台湾最南端へ行く観光ツアーがあってもおかしくはない。となると、降車客数だけ多いのも頷ける。帰りはバスで特急停車駅へ向かえばよい。あり得そうな推理に、我ながら自信をもって納得していた。が、列車の発車時間は迫ってくる。急いで駅を巡ろう。

　駅舎はホームと直結する構造で、無人駅のため出札口のシャッターは口を閉ざす。２階建て、タイル張り以外は飾り気のない駅舎で、柱が多い。よく新興国や共産圏の駅に見られるような画一的な味気なさを感じつつも、質実剛健な建物は団地と通ずるものがある。

　じっくり観察したいところだが、停車時間は５分を切っている。そして掃除のおばさんが駅にいて、駅前へ行けと促す。なんだろうと思いながらおばさんと一緒に駅前へ出た。

「おお……！」思わず感嘆の声を上げた。曇天ではあるものの、果樹園の広がる駅前では、南シナ海をぐるっと一望できるのである。駅は山地の中腹にあり、駅前は海岸部を見下ろす展望台となっているのだ。善光寺平を一望する姨捨駅ホームに降り立った時の気分である。晴れていたらもっと青々としていただろうが、アンニュイな空も冬っぽくて良い。

駅舎を出たら南シナ海が広がっているなんて素敵じゃないか。これだったら、駅へ降りて何時間も待ちつつ、駅前でピクニックしたくなる。ちょうど駅前は工事中であったが、この日はとくに作業をしていなかった。日によってはのんびりとできそうだ。

素晴らしい眺望に見入っていると、おばさんが「早く列車に乗れ」と促す。この眺望を見せたかったようだ。おばさんは渋めの顔をして何やら早口で言っていたので、最初はちょっと身構えたが、けっこう親切であった。私に語学力があれば少し聞き込みできたのに、こういうときに言葉の壁を感じてしまう。

誰もいない駅で静かに停車する客車列車。まごまごしていると列車が発車してしまう。「秘境駅に5分停車します」『銀河鉄道999』の車掌さんが「惑星○○。ここでは何日と何時間停車します」と話すシーンを思い出す。この日は松本零士氏が亡くなった日であった。無機質で静寂に包まれた駅舎はどこかの星の駅みたい。客車も静まり返っている。わずか5分の出来事ではあるけれど、あのマンガのような不思議な体験である。結局、降車人数の答え合わせはできなかったが、今度の宿題としてとっておこう。また訪ねに来ればよい。莒光号に乗車して、5分間の体験をするのもよし。朝から夕方まで一日中滞在するのもよし。台湾南部の秘境駅は、南シナ海を望むのに最高な場所である。

駅舎を出ると駅前は南シナ海が一望できる絶景だ。天気が良ければ青い海原が広がる。

莒光号は5分間停車する。電化されて電気機関車となったが、客車急行列車はまだ残されている。乗車した時は後ろに回送機関車を連結していた。

秘境駅を空撮する

私の本業、ライフワークはセスナ機やヘリから撮影する空撮である。「空鉄《そらてつ》」と名付けた鉄道空撮作品を発表し続けている。人口の多い地域がメインになるが、ときにはローカル線を追いながら山間部へと分け入り、秘境駅も空撮することがある。何ケ所か紹介しよう。写真はカラーページをご覧いただきたい。

JR九州肥薩線大畑《おこば》駅は2012年に空撮した。業務と鉄道と組み合わせて空撮してきたが、空鉄書籍を手がけるにあたり、本格的に鉄道のみの空撮を組んだ。その際の1ケ所だ。

鹿児島空港から離陸し、肥薩線のループとスイッチバックを捉えつつ、大畑駅を発着する特急いさぶろう・しんぺい号を空撮した。ループ線の全景から駅のクローズアップまで、空からならではの自由な視点で狙い、大畑駅も撮影した。しかし、大畑駅を含む肥薩線は令和2年7月豪雨によって、いまなお不通となっており、行く末が気になる。

JR東日本只見線、会津水沼駅、早戸駅、郷戸駅。田子倉駅無きいま、この3駅が只見線秘境駅として名が通っている。本編で紹介した会津越川駅は、これから注目されるかもしれない。3駅は2016年11月の只見線福島側の空撮に際して撮ったもの。会津川口発の上り列車を追いながらの空撮は、列車の速度が遅いためにこちらが速度調整したり、大きくゆっくりと旋回したりなど、タイミングを合わせるのに難儀した。3駅を順々に空撮し、影の強い晴れ間ではなかったのが幸いして、しっとりとした晩秋と、駅のディティールも判別できる階調となった。現在は車両が置き換わり、全線復活した。只見線はまた空撮しに行きたいローカル線だ。

いすみ鉄道久我原駅は、千葉県内の秘境駅だ。2018年4月の桜と絡めて空撮した。桜の空撮は咲き具合を見ながら空撮する。小湊鐵道といすみ鉄道は東京からセスナ機であっという間なので、満開の桜とローカル線という絵柄を求めて訪れた。

小湊鐵道のほか、いすみ鉄道の急行列車も追う。車両はキハ52形とキハ28形である。現在はキハ28形が引退したので貴重なカットといえよう。久我原駅は上空から見ても家が遠く、駅前は休耕田と桜が4本、片面ホームにキハ52＆28の国鉄色カラーコンビがよく映えて、平成末期なのに昭和の国鉄時代全盛期を彷彿させるローカル旅情が印象的だった。ジオラマのような情景は、東京からすぐの距離にある。

最後は特殊な秘境駅である。本編で紹介しようか迷ったがコラムで扱う。大井川鐵道井川線アプトいちしろ駅だ。長島ダムによる線路付け替えによって90‰の急勾配が生まれ、アプトいちしろ駅～長島ダム駅間はアプト式を採用した。レールの間にラックレールがあって、専用の電気機関車が後押ししたり先導したりする。

　アプトいちしろ駅は大井川ダムのほとりにあって、線路付け替え前は川根市代駅であった。戦前、大井川ダムの建設と資材運搬の線路がダム対岸に敷設されたのが始まりで、人家もない。現在は機関車の車庫があり、メンテナンスも行うためにときおり機関車がジャッキアップされている。

　空撮は2019年11月だ。この駅は専用機関車の連結と切り離しを行うため、数分間停車する。その間に空撮するのだが、静岡市内から飛行してくると奥大井は山々が深く、気流も乱れる。安全パイの高度で撮影に挑んだが大変揺れて、レンズを構えるのもやっとであった。

第3章

観光地化する秘境駅を訪ねる

“日本一の秘境駅”になった　小幌駅

雪が舞い、時おり断続的に降り続ける新年のある日。

「16時過ぎに戻ってきますから」

「今日は大丈夫でしょう。行けたとしても帰れないこともあるので……」

冬の山小屋での会話、ではない。とある有人駅、駅員との雑談だ。無人駅へ行って戻ってくる。ただそれだけのことだが、場合によっては命がけになるやもしれぬ。

「この時期、ポイント不転換による運休が多くて、昨日も運休がありましたよ。」

駅員が付け加える。真冬は、ポイントが雪で動かなくなることもあるようで、最悪、列車運休になってしまう。今日の行き先は室蘭本線小幌《こぼろ》駅。「日本一の秘境駅」、「秘境駅の聖地」と謳われ、秘境駅ランキングでも堂々の1位に君臨し続ける無人駅だ。

室蘭本線は内浦湾（噴火湾）をなぞり、静狩駅の東側で長いトンネルに入る。平地が一気に標高100m以上隆起した断崖絶壁となって内浦湾へ迫るからだ。断崖は約10㎞東の礼文華《れぶんげ》川付近まで続き、内陸部も険しい山地だ。1928（昭和3）年、室蘭本線はこの断崖をいくつものトンネルで貫いた。

室蘭本線は単線で開通したものの、輸送力増強のためトンネル区間に上下線交換の信号場を設置する。信号場は、礼文華山トンネルと幌内トンネルの間の僅か80ｍほどの谷間に設置して、幌内トンネルと美利加浜《ぴりかはま》トンネルの間で蒸気機関車の排煙を促し、並列して新たにトンネルを掘り、トンネル内で列車交換をするアクロバティックな交換設備となった。下り線には石積のホームが設置されて、小幌信号場が誕生。やがて並列トンネルの延長と、新規のトンネル掘削によって複線化した。

国鉄時代は信号場から仮乗降場となり、駅へと昇格したのはＪＲになってからだ。いまも信号場時代の名残りとして、東側に封鎖されたトンネル坑口が残されている。なお、小幌の由来は、アイヌ語の削られた穴の意である「ケホエ」「ケポロイ」などが転化したものだという。

小幌駅の環境を端的に伝える。駅は三方を山に囲まれて沢が流れる。トンネルに挟まれた僅か80ｍの空間にあり、車両1両分ほどのホームがあるだけ。アクセス道路はなく、家々もない。おまけに普通列車といえども通過扱いの列車があり、列車でも気軽には訪れることができない。

海側は少し開け、断崖に囲まれた猫の額ほどの文太郎浜と、離れた場所には円空上人が彫ったと伝えられる岩屋観音がある。豊浦町で聞いた話では、良い漁場であったために、かつては浜へ定住する漁師が居たものの、生活が不便なうえ、漁船の性能が上がると（昭和40年代か？）隣町の礼文から漁場へ来られることになったので、定住者はいなくなった。たしかに、生活基盤のある漁港から漁場へ通ったほうが住環境は遥かによい。

国鉄時代の仮乗降場のときは、釣り人か通いの漁師くらいが主な利用者だったそうだ。国鉄からJR北海道へ継承されたとき、道内各地の仮乗降場が駅へ昇格されたのと同じタイミングで、小幌も「駅」となった。駅になると全国の時刻表にも小幌の名前が載ったのだが、既に日常的な利用者がゼロであったようだ。

そんな陸の孤島のような駅に魅力を感じるのが旅人である。旅人が年々訪れ、「日本一の秘境駅」と謳われていた反面、JR北海道は利用者の極端に少ない駅を廃止する方針で、小幌駅は２０１６年に廃止が決定されると、豊浦町が日本一の秘境駅を観光振興にするべく、駅を管理することとなった。その陰には、小幌駅を愛する人々の願いもあったという。行政が維持管理費用を負担して、地元利用者ゼロの駅の廃止を回避し、現在も駅として機能している。小幌駅の歴史は異色の経歴を持っているのだ。

私が小幌駅へ行くのは2回目である。前回は２０１６年の冬。廃止から豊浦町へ管理が移管されるとの報道がなされ、大層賑わっていた。私は何か流行りモノに乗るのは「う～

ん……」と思ってしまう天邪鬼なのだが、日本一の秘境駅の存在は見ておきたくて、20数名の旅人に混ざって下車してみた。折り返し列車までの間、白銀の世界に染まった谷間の小駅を淡々と観察しようにも、駅のディテールは雪に埋もれ、思いのほかいる旅行者の数に「あまり秘境感がないなぁ」と、ちょっと残念な気分もあった。それから7年。２度目の来訪はどうだろうか、不安と期待を胸に、ＪＲ北海道の新型普通車両Ｈ１００形ＤＥＣＭＯに揺られた。

列車番号４７８Ｄは、小幌駅へ15：06に到着。折り返しは15：50発４８１Ｄに乗車することができ、効率よく巡られる。いわば小幌駅を手軽に味わうベストプランだ。車内は旅人と思しき男性が２人。この２人も小幌駅で降りるのかと思っていたが、自動音声が駅の到着を知らせ、新礼文華山トンネルへ潜った頃、降りる支度をするのは私１人であった。前回とは大違いである。ひょっとしたら小幌駅を１人で満喫できるのではと、淡い期待が膨らむ。

トンネルを出た瞬間、前方には小幌駅の短いホームが見え……なかった。雪の塊が鎮座する台状のものが、前方に見えただけであった。もしや、除雪されていない？　淡い期待がちょっと不安へと転化する。除雪されていない駅を降りるのは人生初なのだ。

エンジン音が静かなH100形がそろりと停車する。運転士がドア操作をし、シュゥーっとドアの開く音。キンと冷えた空気が肌に触れ、ホームにうずたかく積もった雪がドアの外に待ち構えている。高さ何十センチだろうか。雪国の家の玄関を開けたとき、言葉を失ったことがあるのだが、それと同じ状況だ。「このホームをどうしろと」考えあぐねていると、運転士が「どうぞ」。私にはその一言が〝日本一の秘境駅へ再訪してきたあなたのために、こんな素晴らしいフィールドを用意したよ！さぁ降りて堪能したまえ！〟と聞こえた。どきどき……。ホームへの第一歩！　ズボっ……。

ひょっとしたらと思い、ゴアテックスの雪対策をしてきて正解だ。列車からの第一歩目で膝まで沈んだ。第二歩、ズボっ……。ハマる。その間にも運転士はドアを閉め、列車は発車する。去り際、車内の旅人が驚いているように見えたが、列車はすぐ幌内トンネルに吸い込まれていく。その後姿を、膝まで雪に埋もれた状態で見送る。列車からの第一歩で雪に沈むとは。日本一の秘境駅の洗礼は激しい。

雪はこの数日間ずっと降りしきっていた。足跡はなく、まっさらな新雪が駅全体を包み込む。静かだ。列車の去った狭い空間には、たまに吹く風に乗って雪がサァーっと流れ、ホーム直下を流れるホロナイ川の音が響く。それ以外の音は、無い。

大都会に生まれ育った身には、自然音だけが奏でる静寂の空間にハッとした。そうか、人の声がしないのだ。同好の旅人もおらず、小幌駅へポツンと佇む。あまりに静かすぎて、キーンと耳が鳴る。そのうち自分の鼓動までもが聞こえてきそうだ。

この駅は「秘境駅」という観光要素で生存している。旅人が来ないと存在価値が問われる。しかも私が乗車したプランは、初心者でも訪れやすいモデルコースだ。雪が降りしきる平日だったから、誰一人もいないのだと思いたいのだけど、旅人がいない状況に「大丈夫だろうか……」と心配になる。そうは思っても、この駅は誰一人いないほうがいい。などと、相反する思いが交錯する。

階段と思しき場所を一歩ずつ踏み締め、膝までハマりながら慎重に進む。道はどこだ？以前訪れたときの感覚を思い出しながら進む。遠くにトイレがある。その先は海岸に出るが、雪の壁が阻む。海岸には「岩屋観音」があり、豊浦町が散策道の安全を管理しているが、当然雪の中で何も見えない。

帰りの列車まで約40分あるものの、一歩ずつが全て雪中行軍である。先ほどの駅員は帰りの列車は走ると言ったが、ふと、いきなり運休になったらと思うと心細くなる。駅で遭難したら洒落にならない。雪深い季節は運休と隣り合わせだ。ポイント不転換という会話

ひとたび雪が降り続けると僅かな道も閉ざされてしまう。奥がトイレ、さらに向こうが文太郎浜なのだが、雪によって行く手が阻まれていた。

翌日は除雪チームが手際良く作業をした。ラッセルした道はあっという間に歩きやすくなった。右側は礼文華山トンネル。

を思い出す。宙を舞っていた雪が意思をもったように降り注ぎ始めた。

「13Ｄ、５分遅れ」「60列車、３分遅れ」

トンネルに挟まれた空間に、いきなり放送が入って反響する。列車番号と遅れのアナウンスは、明らかに一般向け放送ではなく、除雪作業員用である。番号から、特急列車と貨物列車の遅れらしい。しばらくすると、接近音のブザーが鳴り響き、トンネル内からふわぁぁと風が吹く。列車が長いトンネルに入った風圧に押されて内部の風が出てきたのだ。誰もいない空間に吹き出す風。少々不気味でもある。

踏切が閉まる。賑やかになった瞬間、逞しく甲高い汽笛を奏でながら特急北斗が颯爽と通過。「!!」雪が風圧で舞い、思わず身をよける。轟音は一瞬の出来事で、小幌駅は再びシンシンと雪が積もる静けさに包まれる。

ズボ……、ズボ……、雪をラッセルしながら反対側のホームへ渡り、無事に帰りの列車のＨ１００形が新辺加牛《へかうし》トンネルから現れた。ホッとする瞬間。好んで雪中の日本一の秘境駅へ訪れておきながら、ホッとするのも変な話だ。


「冬はあまり行く人いないですね。１人で寂しくなかったですか？」

無事に出発点の駅へと戻り、駅員が山小屋の主人のように語り、「え!? 明日も行くんですか?」半ば呆れたように言う。せっかく小幌駅へ来たのだから2回くらい見ておきたい。その前に豊浦町役場へ伺い、小幌駅を観光資源として活用している現状を尋ねた。

小幌駅は豊浦町が維持管理をしてから利用者が安定的に増え、町の調べによると2022年度の一年間では2877人、一日約8人も来駅しているという。連休や夏休みといった観光シーズンとなれば、数十人の旅客が一つの列車から降り、トンネルに挟まれた陸の孤島状態の駅を散策し、何も無さを満喫する。私が2016年2月に初めて訪れたときは、真冬なのに20人以上も下車して大変驚いた。上り列車〜下り列車への折り返し時刻が40分くらいと往復しやすいダイヤのため、このプランが一番利用者の多い時間帯となっていたのだ。時刻は変わったものの、その状況は現在も変化がない。

小幌駅が日本一の秘境駅として有名となり、全国からファンが来訪するようになると、当たり前に存在してきたこの駅が貴重なのかもしれぬと豊浦町でも意識し、観光資源にはならないかと考えていた。

駅は注目されたがゆえに廃止されず、観光化することで生き残った。誰もいない秘境を観光化すると、せっかくの秘境感が失われるのではないかと懸念があったが、日常的な利用者がゼロとなった無人駅としては、「観光地となる」ことで生きながらえ、それが駅の継続に繋がるケースとなったのである。

後日、豊浦町役場で伺ったところ、駅を管理するにあたり、町職員が月に２回駅を点検し、修繕する箇所をチェックしている。ＪＲ北海道に委託する形で修繕費用や人件費などをカバーし、その費用は小幌駅を愛するファンに支えられ、寄付やふるさと納税などによる「小幌応援基金」の積み立てから維持されている。

修繕は上りホームの鉄板や、階段となった枕木の交換。ホームに設置したワンマンカー用の確認ミラーのずれチェックといった、ＪＲ北海道から提供された20項目の安全点検の実施。月水金に実施する冬季の除雪と、駅を安全に維持するための点検が多岐に渡り、年に３回、町とＪＲとの定例会で意見交換をして、修繕箇所や情報の共有を行い、町は基金の積み立てから諸経費を捻出している。またボランティアの方も地元だけでなく、札幌在住の方も訪れては掃除をしているという。

駅の管理が豊浦町となってからは、ＪＲ北海道と１年毎に協定書を結び、２０１６年から２０２３年までの７年間、毎年更新されている。２０２３年も変わらず維持していくので、ひとまず安心である。しかし、裏を返せば、人々が訪れなくなって観光としての意義

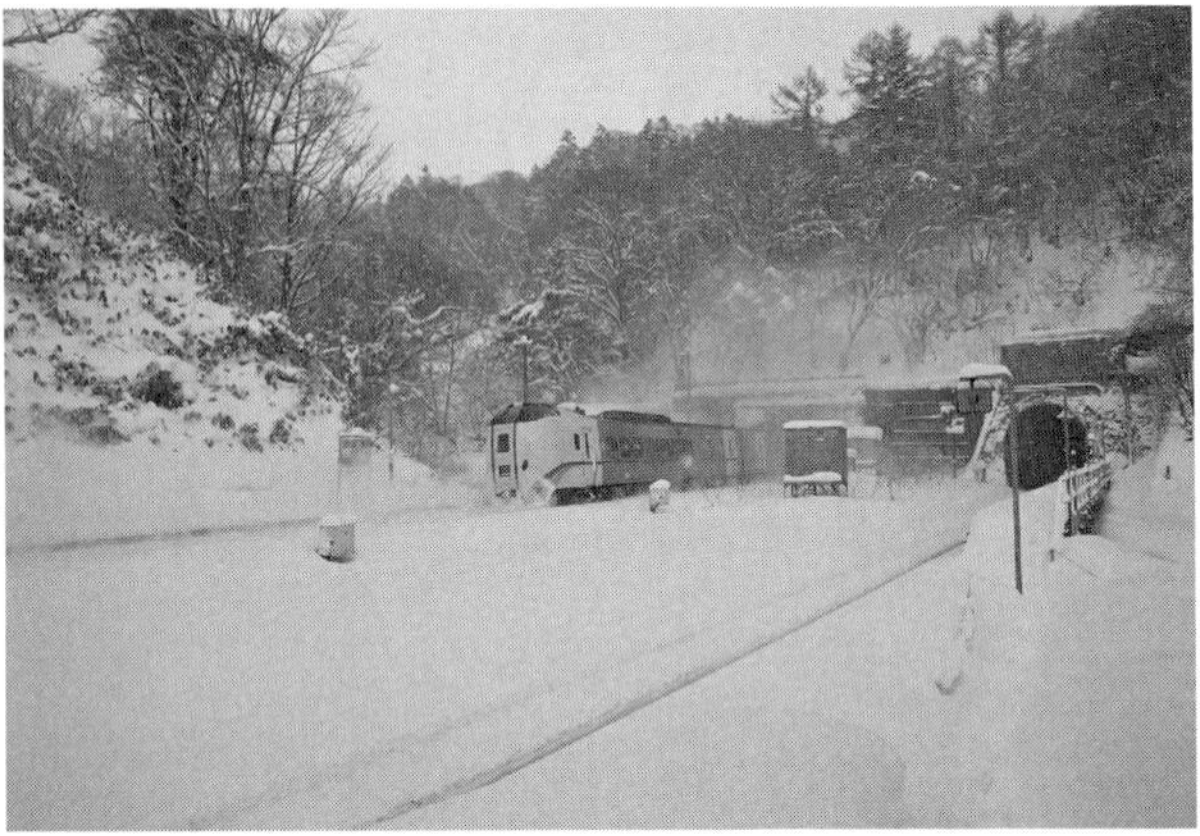

降り始めた雪を蹴散らしながら特急北斗13号が駆け抜けていく。上下線のトンネルの合間には信号場時代のトンネルが蓋をされている。

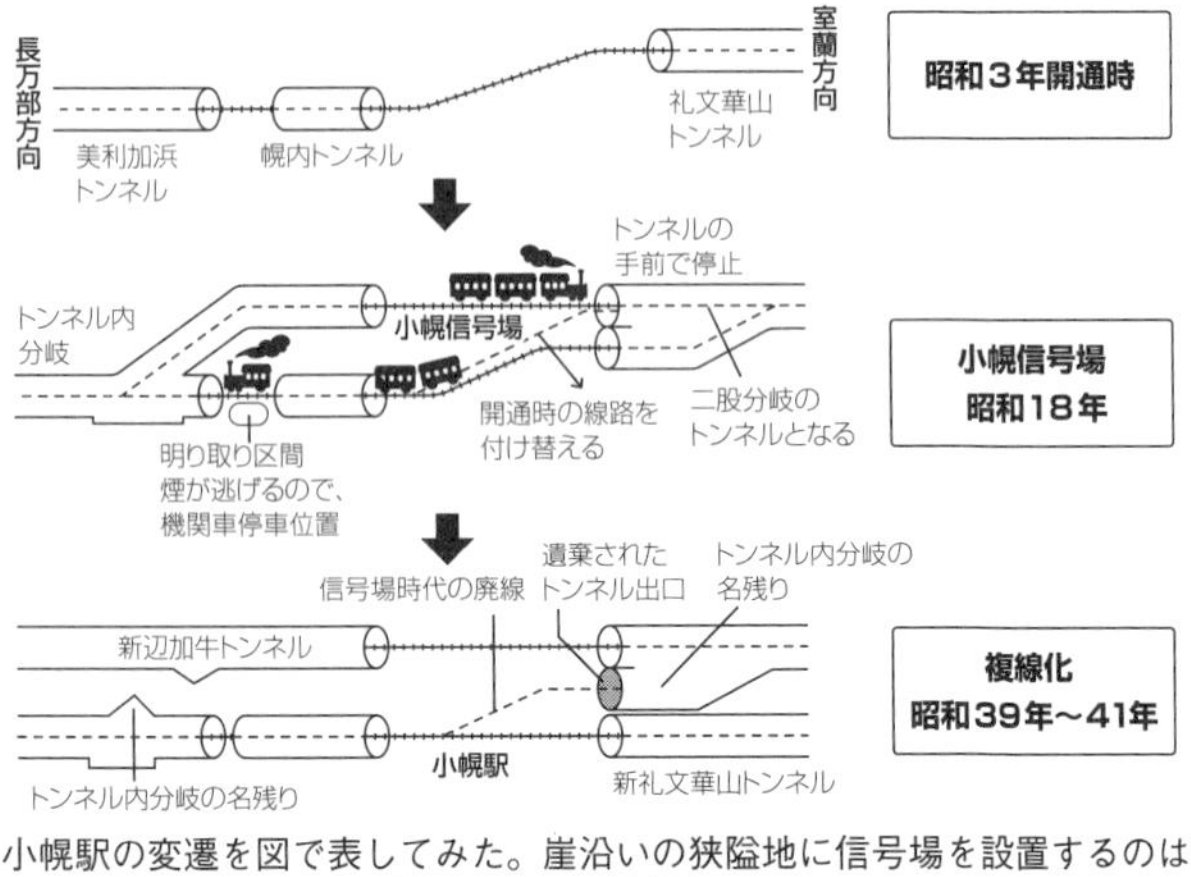

小幌駅の変遷を図で表してみた。崖沿いの狭隘地に信号場を設置するのは容易ではなく、トンネル内で分岐する方法が取られた。

が失われたり、あるいは安全の維持ができなくなったり、町が維持する理由が失われてしまったら、駅管理の協定も解消され、やがては廃駅となっていく運命なのかもしれない。そうならないよう、小幌駅を訪れる我々が大事に駅を使い、事故のないように心がけることが必要である。

小幌駅を盛り上げ、全国にその存在を忘れられないようにするのは大変なこと。かといって、日本一の秘境駅の「秘境」を壊さず、雰囲気を維持するのも大切だ。この駅には旅客が雨宿りをする屋根はない。では休憩する駅舎を作ってみては？と、役所内の担当者レベルで話し合われたが、それでは秘境感がなくなって残す意味がないとのことで立ち消えとなった。最低限の修繕を継続しつつ、雰囲気をも継承するため、あえて休憩施設は作らなかった。

肝心の利用者については、シーズンとなれば15時台の折り返しプランが、来訪者の一番多い時間帯となる。「そのプランを避けると手軽さはなくなるが、時間帯によっては本当に秘境と言われる駅の姿を味わえるのかなと思います」。豊浦町役場商工観光課の朽葉さんが話していた。

翌日、再び小幌駅へと向かう。今度は礼文駅から6名の除雪作業員が乗り込んできた。

もしやと思っていたら、小幌駅へ到着すると作業員も降車する。そして、昨日私が踏み進んだ雪塊をあっという間にスコップで除雪していく。その作業にただただ圧巻されつつも、除雪の邪魔にならないよう端の方へ待機する。

ふと見上げると監視カメラが数台。この1台は町のほうで来駅者をカウントしている。毎日カウントするのが大変だろうと思いきや、ＡＩでカウントしているとか。多少のずれはあるが、ハイテクなバックアップで小幌駅を見つめているのである。

除雪作業は折り返し列車までの約40分もかからずに終了した。見違えるように歩きやすくなった小幌駅。昨日の雪に埋もれた姿は秘境駅の片鱗を見せているようであったが、こうして安全に訪れられるよう管理している姿も、生きている駅という感じがしていい。

最後に、小幌駅の冬は当日の天候と列車状況を直前まで把握しつつ、決行するか否か決断することになる。大袈裟であるが、訪れる際は冬山登山の気持ちで、さらに季節問わず、事故を起こさぬよう十二分に気をつけ、読者の皆様も無理のないようにお願いしたい。

車での来訪はできない　坪尻駅

第1章で紹介した新改駅とともに、坪尻駅はＪＲ四国内で現役のスイッチバック構造を有している。周囲は讃岐山脈の深い山々に囲まれて駅へ至る道路は無く、車での来訪ができない。鉄道利用（あるいは近隣道路から徒歩）でしか来られない、山中に囲まれたスイッチバック秘境駅だ。

土讃線の起点から進むと坪尻駅の方が先である。まずこちらを紹介するのがセオリーだが、実際に両駅を訪れた所感を述べると、新改駅は訪れる人もほんの僅かな山間の秘境駅の空気に包まれていたのに対し、坪尻駅は春の観光シーズンの平日ではあったものの、人が絶えることもなく、観光の駅として注目されている雰囲気を感じ取った。

観光化とはいっても、秘境駅を知って楽しんでもらおうと駅の由来や掲示物がある程度なので、こてこてに装飾されているわけでもなく、テーマパークっぽい〝レトロ感〟にリノベーションされているわけでもない。一般的な駅と比較したら、坪尻駅も人知れずひっそりと佇む駅であることには変わりない。

坪尻駅へ訪れるには、上下合わせて７本の列車がある。朝は７：02と８：29の上り。昼間は12：33の下り、13：52の上り、14：54の下り。夕方は16：51の最終下り、17：01の最終上り。時間帯によっては短い時間での滞在が可能で、他の地域へ移動もしやすい。新改駅よりは停車時間帯が分散するため、各々の旅のスタイルで列車を選べ、比較的訪れやすい。気軽に秘境駅を堪能しやすい＝来訪者も多いといえよう。もっとも、多いとはいえ一日平均乗降者数は2人であり、極端に乗降者数の少ない秘境駅らしい数値である。

多度津駅からだと、土讃線下り普通列車に乗って讃岐財田駅へ到着する。その先には讃岐山脈の猪ノ鼻峠が待ち受けており、線路は25‰勾配を上り、さらに16・7‰の勾配がついた猪ノ鼻トンネルを潜る。トンネル内で下り勾配となって香川県から徳島県へと入り、次いで坪尻トンネルへと潜り、25‰の下り勾配となった頃トンネルを出る。その先は右手に駅舎と片面ホームのある坪尻駅が見え、スイッチバック構造の引上げ線が交差しながら、本線はなおも25‰勾配が続いて箸蔵駅へと至る。

坪尻トンネルを出た山中にスイッチバックを設けたのは1929（昭和4）年のことだ。讃岐財田〜箸蔵間は駅間距離が長く、単線において輸送力を増強するため上下列車を交換する設備を必要とし、この区間にスイッチバックを設けて待避線をつくったのだ。25‰勾配は蒸気機関車にとって難所であり、平坦な場所をつくって停車させないといけない。スイッチバックは勾配上に交換設備を設ける際の最適な設備であった。

ただ、信号場と線路予定地は鮎苦谷川《あゆくるしだにがわ》が流れ、周囲は道路や集落からも離れた場所。建設に際し、水路トンネルを掘って鮎苦谷川の流路を変え、川底だった場所を埋め立てて坪尻信号場を設置したのである。流路を変えないと交換設備が建設できなかったほど、この辺りは山深い。なぜ川の流路を変えてまでスイッチバックを設けたのか疑問になったが、前後にトンネルが連続し、この場所にしか交換設備を設置できなかったからだ。

坪尻信号場は、周辺集落の利便性を考慮して１９５０（昭和25）年に駅へと昇格した。坪尻駅となってしばらくは、集落が駅から離れていたものの一日に１００人ほどの利用者があって、駅員も10名ほど配置されていた。しかし、道路の整備と自動車社会の発展、集落の過疎化によって利用者が落ち込み、１９７０（昭和45）年には無人化となった。駅の顔である木造駅舎が往時を偲ぶかのようにしっかりと建ち、我々旅人を受け入れている。

いま紹介した坪尻駅の歴史は、駅舎内に掲示された生い立ちによって知ることができる。駅を管理する阿波池田管理駅長の署名があって、文末の「どうか、坪尻駅での思い出を大切に、お気をつけてお帰りください。」との言葉にほっこりする。駅には秘境駅ファンが多く訪れ、様々なメディアにも登場し、ＪＲ四国の観光列車「四国まんなか千年ものがたり」の観光停車もあって、四国を代表とする秘境駅として脚光を浴びている。

さて、私は阿波池田駅から８：15着～８：29発の列車で坪尻駅へと降り立ったわけだが、この列車は当駅で14分間停車する間に上下２本の特急列車に抜かれる。ホームで通過列車を見送ると、その速度の速さに驚いてしまう。現代の技術は25‰の勾配など痛くも痒くもないほどだ。涼しい顔して瞬足で駆け抜ける特急列車にとって、ジグザグ行ったり来たりするスイッチバック構造は必要とされない。それでも駅として残されているのは、僅かながら利用者がいるに他ならない。旅人は僅かながらの利用者の恩恵に授かっているのである。

14分間停車する列車は、車内の旅人たちがホームで撮影し、発車直前で乗り込んでいく。私以外には1人降りた。列車は阿波池田側の引上げ線へ入り、方向転換すると勾配を駆け上がって坪尻トンネルへと消えていった。列車の音が消えると全くもって静かなもので、鳥の鳴き声がこだまし、風で木々の触れ合う音、少し離れたところを流れる鮎苦谷川の川音に包み込まれ、駅にいるというよりも、ハイキング途中の山中で小休止している気分である。それほど周りは何もなく、ただただ山中の自然に包まれているのだ。

このような環境に木造駅舎があるのは奇跡に近く、絵に描いたような光景である。駅前を彩る菜の花や山桜が大層美しく、もはやここは桃源郷かと思ったほど。あまりにできすぎた光景であるが、自然が織りなす偶然の造形なのである。先ほど降りた人がどこかへといなくなり、ただ1人でこの光景を占有する。その贅沢さをしばし満喫した。

駅から小さな踏切を渡って登山道のような道を歩く。踏切は鬱蒼とした森に包まれそうであった。

阿波池田行きは引上げ線でスイッチバックして、しばしホームで停車する。その間に特急列車が登り勾配を颯爽と駆け抜けていった。

JR四国によると、坪尻駅はファンや観光客が10数人降り立つときもある。週末は「四国まんなか千年ものがたり」が走り、時期と時間帯によっては1人の時間を味わうことは難しいかもしれず、その点は人気を博す秘境駅ゆえの現象といえよう。

駅前のヤマザクラに囲まれて駅舎を見つめる。曇天で時どき雨がぱらつき、少々土が湿っぽい。国土地理院地形図を見ると鮎苦谷川には水路の表記があり、駅前の等高線と川の位置を見比べると、旧流路が駅前を通っていたことが想像できる。川底を整地して平地を確保したそうだが、ちょっと湿っぽい土には古より流れてきた川の記憶が染み付いているのかもしれない。

ただ少々気になるのは、マムシ注意の看板が点在することだ。マムシは湿地を好むと聞き、坪尻駅周辺にはマムシが生息している。むやみに茂みを刺激しないようにと注意書きがあり、怖いのは万が一噛まれたとしても道路がないため、すぐに治療ができない。何かあってからでは遅いので、十分に注意が必要だ。秘境駅へは列車で行けるため身軽な装いとなりやすいが、大自然に囲まれていて助けも来にくい場所だという認識も忘れてはいけない。

8：29発の列車の後は12：33発まで、4時間も列車が到着しない。こうして自然が奏でる様々な音に包まれながらベンチに佇み、１時間に２本通過する特急列車を見送りながらボーっとしているのが、だんだんと居心地良くなってくる。

「列車で来たんですよね？　次の時間までだいぶありますよ」

いつの間にか現れた保線職員が語りかけ、徒歩で本線の線路点検を行う。車で来られる道路はないので、保線職員は徒歩での移動だ。

12：28頃。坪尻トンネルから普通列車が現れた。引上げ線でスイッチバックをして駅に停車。すかさず反対方向から特急列車が駆け上がって通過していく。普通列車からは数人降りたって記念撮影をし、また再び乗車していく。駅へ降りたのは１名の旅人で、列車を見送ったあとは旅の記念撮影に勤しんでいる。

訪れた日は穏やかな時間が流れる平日だった。数時間も滞在すると色々なことを考えてしまうもので、駅のメンテナンスはどうしているのか、我々のような旅人が駅の維持と存続に寄与しているのか、逆に一般利用者はいるのかなどなど、気になってくることが湧いてくる。

「維持管理に関して言えば、道路から離れているために係員が来るのが大変です」

駅で気になっていたことを、後日ＪＲ四国の広報へ尋ねると、やはり道路から離れた立地に苦労しているとのこと。トラックが横付けできないため、仮に駅舎をメンテナンスするとなったら、人海戦術となりそうだ。

そして、道路から離れているため、常に観光客で賑わう道路沿いの下灘駅のような現象とは異なる。坪尻駅は私が訪れたときのようにポツポツと旅人が訪れる程度であって、「四国まんなか千年ものがたり」号の観光停車が、駅の賑わうときである。観光地化された秘境駅と言い表しても、駅の環境によって賑わいの絶対数が少ないのだ。

駅舎内の管理駅長の言葉ではないけれど、「今後とも、坪尻駅を末長くご愛顧いただけますようお願い致します」の一言に尽きる。ゴミ箱は設置され、駅はきれいにメンテナンスされ、花々や緑が人々の目を癒やしてくれる。今後訪れる人が多くなっても、その環境が変わらないことを願っている。

観光化の試金石たる　筒石駅

モグラ駅という言葉がある。トンネルの中にある駅で、地下鉄駅とは別である。ＪＲ東日本上越線土合駅と湯檜曽駅。北越急行美佐島駅、野岩鉄道湯西川温泉駅、えちごトキめき鉄道（以後、トキ鉄）筒石駅などがモグラ駅として当てはまる。

土合駅と湯檜曽駅は上越国境の谷川岳の麓にあり、複線化によってトンネル内にホームが造られた。美佐島駅は六日町盆地と十日町盆地を隔てる笠置山にあって、この山を穿つ赤倉トンネル内に設置されている。湯西川温泉駅は、葛老山を穿つ葛老山トンネル坑口付近にホームがある。

そして筒石駅は上越市と糸魚川市の境界付近。日本海沿岸部より少々内陸を穿つ長大トンネル「頸城トンネル」内にある。筒石駅は元々北陸本線の駅で、１９１２（大正元）年の開通によって設置された駅であるが、当初の線路は日本海の海岸に沿い、駅も海岸沿いの集落にあった。

しかし度重なる地滑り被害と北陸本線の輸送力増強に対処すべく、新線へ切り替え工事が行われ、全長１万１３５３ｍの頸城トンネルを筆頭に、沿岸の山地をいくつかのトンネルで穿《うが》ち、１９６９（昭和44）年に複線の新線へと切り替えた。

筒石駅は国鉄の新線移設計画では廃駅予定とされたが、地元の反対によって頸城トンネル内に移転して再出発することとなり、トンネル掘削で使用された斜坑を活用し、本坑のトンネル断面もホーム設置のために広く掘削された。

前ページで紹介したモグラ駅は、湯西川温泉駅を除けば近隣に集まっており、巡ろうと

直江津方面のホームへ下りる階段の先は待合室。ベンチが並んでいるが、坑道やシェルターという雰囲気である。

上下線のホームはトンネル内で交互となっている。ホーム幅のぶんトンネル断面が広くなっていた。臨時列車が通過。

思えば1日で可能かもしれない。どの駅もトンネルの中にひっそりと佇んでいて、その存在感だけで秘境駅の雰囲気を十分に味わえる。ただし複数駅を一気に訪れるのは忙しくなり、今回は筒石駅に絞った。私は北陸本線時代に訪れたことがあったが、2015年の北陸新幹線開業によるトキ鉄継承後はまだ訪れたことがない。

以前、筒石駅へ訪れたときは、列車到着のたびに駅員が地下トンネルの階段を上り下りし、列車を見送っていた。思わず「毎回大変じゃないんですか?」と駅員へ声をかけたが、笑みを浮かべながら「慣れていますから」との返事であったのが印象的だった。

トキ鉄移管後も委託された駅員が17時まで勤務し、毎日トンネル内のホームで列車を見送っていた。筒石駅は290段（上りホームは280段）の階段のみであるが、毎度適度な運動になって、足腰が元気な駅員ばかりであったそうだ。

筒石駅は、利用者数の減少による合理化で、2019年3月に無人駅となった。有人駅最終日は全国から筒石駅ファンの旅人達が訪れ、窓口終了の17時以降も名残り惜しんで帰らなかったという。記念にと訪れた地元のご老人と旅人とが交流する場面もあって、普段は静かな駅もこのときだけは賑わったとトキ鉄職員から伺った。

直江津駅から乗った列車は単行のディーゼルカーだ。旅人も多い季節なので、筒石駅で何人か降りるかなと思いつつ、名立駅を発車し、筒石到着の放送が入って席を立ったのは私1人であった。ディーゼルカーは頸城トンネル内で減速する。フロントガラス越しに駅の照明が見えるかと凝視したが、照明は目立たない。

ドアが開いて下車。ああ、そうだった。ホームは狭い。10年近く前の光景を思い出してきた。人はすれ違えるが決して広くはないホーム。複線トンネル内に上下線ホームが互い違いとなっている。ホームがある部分のトンネル断面は幅広になっていて、蛍光灯照明で浮かび上がるどす黒いコンクリート壁面が目に飛び込む。降車客は私のみ。ディーゼルカーはドアを閉め、轟音を響かせて闇に飲まれていく。テールライトの赤色がコンクリートに反射し、一瞬だけ暗闇の空間が赤く染まる。そう、北陸本線のときは国鉄形近郊電車であったが、トキ鉄となってからの列車はディーゼルカーなのだ。エキゾーストがしばらくトンネル内に漂う。

闇の中で流れ落ちている水の音が漆黒の闇から聞こえる。川でもあるのかと思うほどの水量だ。山地を穿つ長大トンネルは出水と隣り合わせで、頸城トンネルも地下水が絶え間なく流れているのだ。

ホームにある飾り気のないアルミ扉を開ける。すると、一気に風圧がかかる。ドアの先

地上へと向かうトンネル部分は224段の階段が続く。角度はそんなに急ではないものの手摺りがあるので助かる。

ホームのドアを開けると飛び込んでくるのは待合室内の空間。半円状の空間はシェルターだ。筒石駅はモノクロ写真のほうが質感が出てくる。

に見えたのは長椅子と狭いトンネル空間の待合室。頭上の蛍光灯が煌々と輝いて眩しい。風圧がかかって風が吹き込むドアを閉めると、静まり返ったコンクリート空間だ。狭い半円のトンネルに長椅子がポツンとあるのみ。掲示物はあるけれど、ドアと同じで待合室も飾り気のない質素な空間だ。

防空壕。初めて筒石駅へ降り立った時の感想であった。久しぶりに訪れた感想は、シェルター。私は戦争遺構を訪れることもあり、壕の造りに似ているなと感じたのだ。そう思うのも無理はない。筒石駅は頸城トンネル建設時の斜坑を活用して建設され、斜坑から分岐して作業坑のような地下通路と待合室が造られた。どうしてもシェルターに似てくる。

待合室から続く階段はさほど急ではないが、型を取ってコンクリートを流したのかと思うと、手間がかかっているなぁと感心してくる。もっとも、このようなトンネルは全国のあちこちで施工されてきたのだから、人間の技術力は並々ならぬものである。

細いトンネルを歩く。駅を降りてから、独特のにおいが気になっている。カビともいえぬ、湿ったにおいとも言えぬ何か。頸城トンネルの両端は海に近いからなのか、磯の香りも混じっている気がする。うまく表現できぬ、この筒石駅のにおい。

下りホームへ続く分岐トンネルを横目に進む。やがて見えるのは、左には蓋をされたトンネル、右は延々と出口まで続く上り階段。斜坑である。建設時は線路部分まで延びており、現在は蓋をされているので〝その先〟が窺い知れない。斜坑を流れ落ちる水音だけが闇夜からこだまする。先ほどから水音が気になるが、筒石駅の地上部分は谷間になっていて、筒石川が流れる。よって地下水が豊富に存在していても不思議ではない。

斜坑を一気に上がる。心臓破りの神社階段とは違って、段差が低いのは幸い。ここの段数は224段。一気に上ってても息切れせず、まだまだ体力もあって健康だという証か。目の前は地上の眩い陽光が差し込んで、暗闇に慣れた目が痛い。振り返ると蛍光灯に灯されたカマボコ状の空間が下がっていき、吸い込まれそうになる。いけない。降りてしまいそうだ。前を向いて先へ進もう。

大きな衝立が2枚、交互に並ぶ。これは風避けのために設置されたもので、年季が入っていることからして、駅開設時からのものとみた。頸城トンネルを走行する列車の風圧が地下通路を伝って外へ押し出される。その風から駅舎や待合室の人々を守るため、交互に衝立を設けて風を緩和しているのだ。

待合室へ入る。あれ⁉　と思う。前回訪れたときよりも狭く感じるのだ。駅無人化の際は出札窓口を閉めたくらいで駅舎内の改装はしてはいない。窓口は壁となっているので、それで狭く感じるのかもしれない。駅員もおらず、静まり返る駅舎。有人駅であった頃を知っているぶん、少々さみしい。だが無人化になっても駅舎が荒廃していないのは、近隣駅の管理駅長が週に1～2回清掃やポスター貼り替えなど、日々のメンテナンスを行っているからだ。

駅前へ出てみる。駅舎はプレハブ然としたブロック造りの簡素な平屋建てで、北陸本線のときとほぼ変わらない姿で出迎えてくれた。駅舎建て替えの予定はないという。この場所は筒石川と山腹のはざまの窪地にある。駅名が掲示されていなければ、まるで工事現場の事務所に見えてしまう出で立ちの駅舎。あるべき線路が地中奥深くにあって、ポツンと駅舎だけが建っているから、そう見えてしまう。

駅前の小道を歩くと、民家の裏手に出た。看板がなければ、生活道路から分岐する小道が、実は駅へ続く道だと気づく人はいないだろう。時おり走行音が聞こえる方向へ目をやると、北陸自動車道の立派な橋梁が視界に入る。この場所は鉄道も道路も幹線が通っているのだが、鉄道は地中にあって存在感が薄い。

筒石川を見やると、斜めに入った地層が目に止まる。ふと、旧北陸本線が地滑り被害によって何度も不通になったことを思い出す。この地層は砂岩泥岩互層だという。脆い地層なうえに、山々の地殻変動によって度々地滑りが発生してきたそうだ。頸城トンネルと筒石駅を含む線路変更の要因の一つは、地滑り被害であった。露出した地層を見て、いかに地形と戦いながら線路を敷いたのかと、その当時の苦労が偲ばれる。

次の列車まではまだ時間がある。筒石駅にも駅ノートがあり、パラパラと捲《めく》ってみると、台湾や香港からの旅人や留学生の書き込みが数ヶ所、目に止まった。そういえば台湾や香港にモグラ駅があるとは聞いたことがない。国を跨いで訪れる旅の目的の一つが、モグラ駅となっているのか。

待合室に戻る。掲示されている時刻表は発車時刻である。通常の駅ならば駅舎からホームまでさほど時間はかからないが、２９０段も階段を下った先のホームへ行くためには、発車の10数分前に駅舎を後にした方がよい。慌てて下っている途中に足がもつれたら転げ落ちてしまう。カメラでチェックしているとはいえ無人駅なので、事故には気を付けねば。

直江津方面の待合室で待つと、やがてヒューっと風圧が変わった。列車が頸城トンネルに入ったのだ。トンネル内で風が押される現象は、理科の授業を体験している気分になれる。自動放送が入り、煌々としたヘッドライトの光と轟音が近づいてきた。

直江津駅へ到着後、筒石駅の今後が気になり、トキ鉄の鳥塚社長へ尋ねた。現状、駅の

筒石駅舎の全景。とはいえ、この光景は工事現場の事務所である。駅名標があるので辛うじて駅だと分かるが、線路が無いのは不思議な光景だ。

駅舎内にある駅ノート。「ずい道日記」と素敵なタイトルがつけられている。外国からの来訪者もあって、国際色あるノートであった。

利用者数は２０２１年度の一日平均数で17名。定期券利用者がほとんどである。そういえば筒石駅を降り立ったときの反対ホームや、帰りの列車に乗ろうとしたとき、地元の方と思しき若者がいた。利用者数の減少という状況下でも、通勤通学利用の使命は健在である。毎日あの階段を上り下りしているのかと思うと、相当足腰は強くなれそうだ。

北陸本線が第三セクターへ移管されて以後、筒石駅のようなモグラ駅の修繕は大変かと思うが、駅だけでなく路線の設備全体の大規模修繕が今後の課題であるという。筒石駅に関しては、現状ではトンネル内の金具の交換程度で済んでいるものの、内部の漏水には気を留めており、ホームで聞こえた漆黒の闇の中を流れている水路の存在も気にかけている。

「雪月花の停車や観光急行の徐行運転は実施してきたが、あの駅をどうやって活用しようか楽しみなのです。筒石駅は皆さんから情報を発信してもらえるような駅であり、鉄道会社が『今度こういうことをやる』とか、一方的に発信する時代じゃない。」

鳥塚社長は言う。筒石はモグラ駅の秘境駅として既に多くの旅人に認知されており、駅ノートに記してあったように、まだ数は少ないながらも海外からの来訪者もいる。

「情報発信の基地として皆さん方に駅という場所を利用してもらって楽しいことをやり、我々はその場所を提供することによって、副産物で駅利用者が増える。直接的に売上アップする、乗降人員アップする、そういうことではないと思うんですよ。」

鉄道会社は場の提供であってインフラだ。「こういうところで皆さんいろんなことしませんか?」と呼びかけることで、地域の活性化にも繋がる。利用者の増加に繋がり、観光客だけでなく地元の方々も駅に来てくれるかもしれない。

「駅事務室もまだ使えるし。そうだ、試しに一晩寝てみるかなぁ」

なるほど、一夜を明かすには面白い駅かもしれない。トキ鉄にとって筒石駅は、秘境駅であるからこそできる「何か」があると考えている。コンクリートのトンネルと階段を延々と歩く筒石駅ならではの魅力は抽象的で表現しにくいが、あの空間と空気を共有したくて遠路はるばる人がやってくるのは、そこに価値があるからだ。

私は駅に訪れたらその場にいるだけでよく、秘境駅だからこうしましょうと押しつけがましさを感じると面食らってしまう。手取り足取りガイドしてほしい人もいれば、ほっといてほしい人もいる。毎日使う利用者なら、早くエレベーターかエスカレーターを付けてくれと思うかもしれない。普段の駅の利用者に旅人。それぞれの人が、あの駅に思いを持つ。鉄道会社がその場を提供して、何かのきっかけになる場所。筒石駅はその試金石となっていくことだろう。

コア層の尾盛駅と、ライト層の奥大井湖上駅

「尾盛駅まで行かれるのですか？　帰りの列車はかなり待ちますけれど……」

千頭駅の切符売り場で「尾盛まで1枚」と言うと、駅員が念を押す。既に帰りの列車を調べている旨を伝え、尾盛ゆきの硬券が窓口から出てきた。裏返すと、今日初めての使用となる鉛筆のレ点がされていた。

この駅へ訪れる人はそうそういない。何があるのか。何もない。大井川鐵道井川線の尾盛駅は秘境駅ランキングで小幌駅に次ぐ第2位に君臨した、トップクラスの秘境駅だ。下車する者はたまに訪れる林業関係者以外は、鉄道ファン、秘境駅を目指す旅人。大井川鐵道の2012〜2021年度統計では、一日の平均乗降者数は0〜1人である。周囲は道路もなく、携帯の電波も通じにくい。山間の森の中にあって、人里から隔絶された空間に駅がある。本来、駅は人の生活を支えるために存在するのであるが、尾盛駅の周囲には人っ子一人と住んでいない。

尾盛駅へのアクセスは容易ではない。2023年3月、井川線は利用実態に合わせたダイヤ改正が実施され、尾盛駅を通る井川行き列車は1日2往復となった。時刻表をよく見

て訪れないと丸1日かかるが、千頭発9：20の始発列車に乗車すれば、尾盛駅で2時間半近く滞在し、昼過ぎの上り列車に乗って、午後は他の場所へ行ける。秘境駅での2時間半は、探索したり物思いに耽ったりとちょうどいい滞在時間だ。

井川線はアプトいちしろ駅〜長島ダム駅を除き、全線非電化だ。静岡県内で唯一、全ての列車が機関車＋客車編成の列車、マニアックな言葉で言うと「客レ」である。下りはディーゼル機関車が後押しして、先頭は制御車のクハだ。上りはその逆。観光列車を除く日本中の鉄道がディーゼルカーや電車となったいま、全列車が毎日客車列車で運行する井川線は稀有な存在なのだ。

しかも、前身が電力会社の敷設した工事専用鉄道で、1067㎜の線路幅以外は軽便鉄道規格であり、車体が小さい。一見すると遊園地のおとぎ列車に見えるほど可愛らしい。

1954（昭和29）年に中部電力専用鉄道が井川と堂平まで開通し、その後中部電力から大井川鐵道へと運営を委託され、井川線として出発したのは1959（昭和34）年のこと。そのため各駅の開業年は1959（昭和34）年なのだ。

ところで、大井川鐵道は秘境駅が多い。井川線は尾盛駅以外にも、土本、川根小山、アプトいちしろ、ひらんだ、奥大井湖上、閑蔵の各駅。本線は神尾駅が秘境駅と呼ばれてい

朝の始発列車が尾盛駅を発車する。井川行きは機関車が最後尾だ。ホームは低く、線路との距離が近い。

右手が貨物輸送で使用されていたホームで、木々が成長して長い年月を物語る。線路脇の木造建屋は林業会社の詰所であった。

る。井川線に秘境駅が多いのは人口希薄地帯の山間部を縫う様に線路を敷いているからで、またアプトいちしろ駅はアプト式機関車の検修庫があるものの、周囲は大井川ダムと発電所があるのみだ（長島ダムへの旧線もあるが割愛する）。

この項では尾盛駅と奥大井湖上駅を取り上げるが、他の各駅も大変魅力的な存在である。ではなぜこの2駅かと言うと、尾盛駅がコアなファン層、奥大井湖上駅がライトな観光客が主な利用者と、駅の性格がまるっきり違うので、比較にはちょうどいいからだ。

千頭から始発列車に乗車すると車掌の検札があり、「帰りの列車は調べていますか？」と念を押される。山深く携帯の電波も届きにくい場所を走るゆえに、ノープランであった場合のことを考えてのケアだろう。12：58発に乗車すると伝える。前項の小幌駅でも感じたが、トップクラスの秘境駅へ訪れるときに職員から尋ねられると、まるで山小屋の主と交わす行程確認みたいで、百名山の山頂を目指したときの緊張と覚悟に似た感覚となる。たかが駅へ行くのに大袈裟なとお思いだろうが、列車が唯一の生命線である場所へ訪れるのは、一般的な駅の訪問とは異質なもの。そう、尾盛駅は人間が他所者で動植物が主人公となっている山の中なのである。

列車はアプト式区間の90‰を登り、長島ダムによる線路付け替え区間を走る。ひらんだ駅は誰も降りず、車窓から見えるカヌーの発着場が目立つ。次の奥大井湖上駅では始発列車を待ち構える老夫婦がいたり、8人ほど下車したりと、秘境駅にあるまじき賑やかさに目を丸くするが、この駅はあとで散策するので先へと駒を進める。

「ダム建設のために設置された駅で、最盛期には500人ほどの作業員が住んでいましたが、いまは何もありません。道路もなく、列車でしか訪れることのできない秘境駅です」

車掌が車内放送で尾盛駅の解説をする。いよいよ秘境駅へ降りるんだなと高揚感が湧いてくる。ドアの前へ立つ。「この人、尾盛で降りるのか?」と車内の旅人たちの視線を浴び、1人低いホームへ降り立つ。車掌に「帰りの列車で」と挨拶。路面電車の停留所のように低いホームへ降りる。車掌が下車を確認し、エンジン音を高らかに、列車は走り去る。

井川駅方向から沢の音が聞こえた。線路の先は日本一の高さを誇る関の沢橋梁が架かる谷間だ。無風に近く、木々の枝が擦れる音も聞こえない。ゴー。旅客機が飛行機雲をたなびかせ、はるか高空を通過していった。この上空は航路になっていて、時おり旅客機が通過する。その音だけが人工物だ。あとは自分が歩む足音くらい。それ以外は全て自然界の音。静かだ。本当に静かだ。訪れたのは3月半ば。まだ落葉樹は若葉ではないが、枝が芽吹き始め、すっかり春の陽光に包まれている。

雲でかげり、合間から陽光が降り注ぎ、ホームと線路、一段高い廃ホームを照らす。井川線のホームは低いのだが、廃ホームは通常の鉄道並みに高い。ここはかつて電源開発の資材運搬と林業の木材搬出の基地として活躍した。関の沢橋梁が架橋するまでは終端で、廃ホームは貨車へと資材を積み込む貨物ホームであった。旅客ホームが低く、貨物ホームが高いのは面白い現象だが、駅が誕生したときは貨物専用であって、旅客の方が後にできた。低いホーム側の線路は、機関車の機回し側線や荷物搬出トロッコ線路でもあったのか。旅客ホーム脇の斜面を覗き込むと、トロッコ車輪が転がっていた。

駅周辺を一回りする。と言っても、道路のない山の斜面のちょっとした平地に駅があって、行動は自ずと限られる。線路脇に廃屋がある。林業会社の休憩所であったという。その奥には500人もいたと言われる作業員の宿舎跡や集落の痕跡があるそうだが、すっかり杉林に呑まれている。山ひだが幾重も重なる中で、この僅かな平地の一帯が作業員宿舎に適切な場所であった。

遠くで鹿の鳴き声が聞こえた。ああ……自分はいま大自然の中に立っている。ガサ、と何かの動物が動く音も聞こえた。たぶん、私を警戒しているのかもしれない。以前、井川線へ乗車したとき、尾盛駅を車中から眺めたことがある。そのときは「秘境駅なのか」程度の認識であったが、あらためて下車すると、自然の息吹が肌に浸透し、いかに自分という存在が小さく、このまま佇んでいると大自然の一部へ取り込まれてしまうのではないか。日本にこういう駅があったのかと感心しきりである。

ザクッザクッ……、と井川駅方向の線路から足音が聞こえた。何気なく「人か……」と呟いたが、ここへ来る人間は列車の乗客以外にいないはず。その現実に気がついてハッと二度見する。その人は保線職員だった。沿線の倒木を伐採して巡回中という。井川線の保線は基本的に徒歩で線路巡視を行い、修繕箇所のチェックや倒木の処理をする。

職員は「この保線小屋で休みなよ」と言葉少なに話しかけてくれた。貨物ホームには保線小屋と信楽焼のたぬきが2体鎮座し、たぬきの小話を綴った看板もある。尾盛駅へ訪れる旅人のために用意したのか。有り余る時間の中、じっくりと拝読し、ついで小屋の中の駅ノートにも目を通す。ノートがあるということは、降り立った人はこの小屋で休むことを示している。保線職員との出会いは意外であったものの、1人でこの何もない空間を占有するのは清々しい。

貨物ホームに座りながら、作業員で賑わった過去を想像してみる。ここで多くの作業員が資材を運搬し、夕方には酒を交わしていたことだろう。貨物列車の運行頻度は存じない

井川方面から来訪者が。保線職員だった。井川線は山肌を縫うために倒木もあり、保線職員は車体に接触しそうな枝などを処理して巡回している。

が、次々と到着しては資材運搬で活気があったはず。保線小屋の背後はいま雑木林だけれども、建設現場へ向かう道路とトロッコはあったのかもしれない。

あっという間に滞在時間は過ぎた。春の陽気に恵まれ、長閑な気分にすっかり根が生えた体を動かして、低い旅客ホームへ移動する。エンジン音がこだまし、上り列車が到着。列車が動き出せば大自然に包まれた空間は過ぎ去っていき、次なる目的地へと進む。

尾盛駅とは正反対な性格が奥大井湖上駅である。

奥大井湖上駅は長島ダム建設に伴う路線水没のため、線路付け替えによって誕生した駅だ。誕生と言っても書類上は水没した犬間駅の移転扱いで、新設ではない。ただ駅名は継承せず、場所が入り組んだ尾根の先端にあって、湖面に浮かぶ島のように見えることから、「湖上」の名を冠した駅名へと改称した。犬間駅は集落の最寄駅であったものの、集落は水没して移転した。駅が移転した場所には家々がなく、観光資源のための駅と生まれ変わった。この駅も尾盛駅や他の駅と同じく、１９５９年開業だ。１９９０（平成２）年10月2日に移転改称となっている。

列車は13：14に到着し、他に2名下車した。ホームには既に観光客の姿も散見する。奥大井湖上駅は一見すると陸の孤島に見えるが、井川寄りの橋梁「奥大井レインボーブリッジ」には歩道スペースがあって、対岸の駐車場と展望台へと結ばれている。それで先ほどは観光客が始発列車をホーム上で待ち構えていたのだ。この駅へ降り立った第一印象は「賑やか」。尾盛駅へ滞在した直後ゆえに、よりそう感じてくる。

列車は橋梁を渡って千頭方向へと去る。湖上にあるホームは静かでありつつも、人々の談笑が絶えない。奥大井湖上駅は２０１９年に外国人が選定するクールジャパンアワードを受賞して、来駅者が徐々に増えてきた。それ以前にも、湖上に浮かぶ島に駅があるように見えて、神秘的なロケーションがＳＮＳの〝映えスポット〟となり人気となっていた。

対岸から線路と歩道の併用橋「奥大井レインボーブリッジ」を歩いて駅まで来られるため、列車利用以外の観光客も多い。

奥大井湖上駅はログハウスがあり、トイレも完備されているので安心して休憩できる。眺望を堪能しながらこのテーブルで食事するのも楽しい。

次の下り列車が到着し、降車してきた女性二人組は「ここは何もないからね」と話しながら、スマホで撮りあって楽しんでいる。動画を撮る若者、列車を見送る夫婦、対岸の線路付け替えによる廃線跡を指差しながら「あの橋は旧線だね」と仲間に説明し合う4人組。観光地でよく見かける光景だ。

ホームは鐘があり、湖上と恋錠をかけ、恋人の愛を誓う鍵をかける場があって、不定期で営業するカフェを併設したログハウスもある。Ｗｉ－Ｆｉスポットもあって、充実した設備だ。〝映え〟や観光スポットとして訪れる観光客が、この駅の来場者ボリュームを占めており、一日平均乗降者数も、多いときで80名（２０１9年度　大井川鐵道調べ）と、同鉄道の他の秘境駅から抜きんでている。

さらに奥大井湖上駅は対岸の展望台付近に路線バスの停留所があり、井川線とバスをセットにしたフリーきっぷを使用しながら、バスと列車の接続をうまく使って行程を組む旅行者もいる。道路が近隣にあることで、この駅を目的に列車へ乗り、他の場所は車やバスを利用することができるのだ。利便性がいい。

誰もいない自然の中の尾盛駅と、ロケーションに惹かれて観光客が訪れる奥大井湖上駅。この2ケ所の秘境駅は対照的で両極端な存在だ。その違いが一日で味わえるのは面白い。実際に大井川鐵道では秘境駅に対してどう感じているのか、旅の終わりに本社へ訪ねてみた。応対いただいたのは広報の加冷さんと山本さんだ。

「尾盛と奥大井湖上とそれぞれに良さのある秘境駅ですよね。秘境駅好きやファンが訪れる駅であり、奥大井湖上駅はメジャーで日の当たる秘境駅。できればどちらも行ってほしいです」

山本さんが語りはじめる。井川線や本線には秘境駅それぞれの特徴があり、全ての駅を一日で巡るのは不可能であるが、尾盛と奥大井湖上のように複数の秘境駅を比較して巡る楽しさも、大井川鐵道にはある。

ふと、尾盛駅の乗降数が0〜1人という状況から、廃駅にはならないのかと思ったが、「若干ながら林業関係者の下車があって必要とされている駅です。秘境駅として全国的に知られるようになり、観光資源としても成り立っています」と加冷さん。

奥大井湖上駅は人家のない周辺の環境を活かして、真冬の計32日間星空列車を運行し、満点の星空を堪能する企画列車を運行した。夜間に臨時列車を走らせ、湖上の駅に停車して星を観察する。秘境駅だから実施したイベントではなく、全国で2番目に星が見える川根本町のロケーションを活かして、秘境駅が活用されたのだ。山本さんも関係者で参加してみて、吸い込まれるほどの満点の星空が圧巻であったと目を輝かせる。

尾盛駅と奥大井湖上駅、この２駅は例えば島田市や千頭で前泊すれば、翌朝の始発列車で余裕をもって来訪できる。とくに尾盛駅は都心部から一泊で来られて、こんなにも自然の音しかしないのかとのギャップが体験でき、自然の世界を十二分に堪能できる。

意外と手軽に来訪できるアクセスの良さを活用しつつも、「尾盛駅では何も足さないことでその魅力を保ち、奥大井湖上駅は手軽に神秘的な秘境駅を味わえる。大井川鐵道では今後も秘境駅を維持していき、旅人や観光客にその魅力を提供していきたいのです」と、山本さんが熱く語る。

ただし、一つ忘れてはならないことがある。尾盛駅も奥大井湖上駅も何もないのが特徴であることは、人間にとって「何もない」のであって、そこに住む動植物が主人公である。私はよくブヨやアブに刺されて酷い目に遭っているから常備しているが、虫刺され対策は必携である。列車で訪れやすい秘境駅といえども、大自然の中に存在するのだ。

とくに奥大井湖上駅は、気軽さから飲み物すら持ってこない観光客がたまにいるという。いくら訪れやすいと言ったって、何もない秘境駅である。日々生活する便利な世界とは真逆の存在であることも忘れてはいけない。観光化＝便利ではないのだ。

ご成婚ブームで注目　小和田駅

私が高校生になったばかりの1993（平成5）年、ワイドショーで飯田線の小駅が大人気だと紹介された。「皇太子と小和田雅子様がご結婚され、名字である小和田（おわだ）と飯田線小和田（こわだ）駅の漢字が同じだ」と、ご結婚にあやかり観光客が訪れているという。当時の水窪町が企画したイベントによって、一組のカップルが小和田駅で結婚式も挙行した。漢字が同じだからってこじつけだよなぁとは思ったものの、ワイドショーで取り上げられることで、小和田駅の存在を知ることができた。

小和田駅とは何だ？　この当時は鉄道を撮るばかりであったため、実際に飯田線へ乗ってみようとは考えず、駅のことも忘れていった。あのご成婚ブームから30年近く経った冬の日、初めて小和田駅へと降り立つ。ご成婚で沸いた小和田駅はいま、秘境駅の代表格として、駅への道路アクセスが無く、飯田線か徒歩でしか訪れることができないと、テレビにも取り上げられ、旅人だけでなく、多くの人に知られている。

飯田線は太平洋側の豊橋と諏訪湖に程近い辰野を結び、赤石山脈と木曽山脈に挟まれた山地を線路が縫う。元々は豊川鉄道、鳳来寺鉄道、三信鉄道、伊那電気鉄道の4社が接続していたのを、戦時下に国有化して飯田線となった。人里離れた急峻な山地を縫う線路はいくつもの駅が点在し、隘路《あいろ》しかなかった集落間と都市部を結ぶ重要な路線であった。しかし自動車社会の発展などの要因によって、飯田線全体の利用者は1965（昭和40）年をピークに、以後5年間で約2万2000人減少した（JR東海調べ）。利用者数は減ってしまったが、国鉄時代末期は旧型国電車両のメッカとなり、全線通し運行は約6時間も要すために、各駅停車旅を楽しむ絶好の路線となって、鉄道ファンには何かと有名な存在となった。また周囲に人家もない秘境駅が点在しているのも、旅人たちの魅力に繋がっていった。

小和田駅は点在する秘境駅の一ケ所だ。代表格の存在である所以は、そのロケーションにある。駅の場所は天竜川が蛇行し、急峻な山々が折り重なる谷底で、長野、静岡、愛知各県の三県境となっている。天竜川は佐久間ダムによって湖となり、駅は廃屋と廃車だけが残され、生活を営む住宅は既に存在せず、人が歩けるほどの山道が徒歩約1時間離れた塩沢集落へと結んでいる。

私は、ご成婚ブーム報道の小和田駅と、実際のこのような環境の秘境駅とが結びつかなかった。雅子様にあやかった駅以外の印象はなかったのだ。「小和田駅に行ってみよう」と心に決めたのは、もう大人になって旅のスタイルも広がり、鉄道に対する視線も〝車両撮影〃だけでなく、乗って楽しむことを再認識してからだ。駅前は陸の孤島の如く外界から途絶しているうえに、周囲に廃屋や廃車が点在していると聞けば、俄然興味が湧く。なぜ、そんな場所に駅ができて、まだ駅として機能しているのか。

豊橋駅から電車に揺られる。中部天竜駅から大嵐《おおぞれ》駅までは佐久間ダムによって線路を変更した区間で、長いトンネルも多い。大嵐駅を発車。連続するトンネル。左手にチラッと見えるのはダム湖「佐久間湖」の天竜川。人家は一切見られず、山肌をひたすら縫う線路には、一向に道路が近づいてこない。道路もない場所を電車が淡々と走行するのは少々不安だ。電車はトンネル内で減速し、外へ出たと思ったらすぐに小和田駅の構内となった。左手に旧貨物ホームを視認し、片面ホームへと停車する。

ホームへ降り立ったのは私1人。飯田線代表格の秘境駅は来訪者も多いと聞くが、さすがに初春の平日は誰もいない。小和田駅は停車本数が少ないとはいえ、糠南駅や宗太郎駅よりもあるので比較的楽に行程が組める。駅の雰囲気だけ感じ取りたい場合は、13：19着の下り列車で下車して13：42分発の上り列車へ乗車すれば、約20分間の滞在でささっと味わえる。今回は隔絶された空間を堪能しようと、上り列車を1本やり過ごし、3時間ほど滞在する。

駅は山あいの斜面にあって、山側に旧ホームが残されていた。2008年1月26日まで上りホームがあって、上下列車が交換できる設備となっていたのだ。小和田駅は三信鉄道時代の1936（昭和11）年12月30日に開業し、その当時は終着駅であった。先ほど通過してきたトンネルはその時はまだ建設中で、大嵐《おおぞれ》～小和田間が開通したのは翌年のこと。この開通によって豊橋～辰野間は結ばれた。小和田駅は急峻な山間部を縫う線路の最後の開通区間であったのだ。なるほど、ホームから見渡しても山また山。左手が開けているのは佐久間湖である。ここが最後まで未開通であったのも納得できる。

駅舎は開業時から残されてきた木造駅舎で、1984（昭和59）年の列車集中制御装置（CTC）化によって無人駅となり、貨物営業も停止した。先ほど見えた貨物ホームは、その名残である。無人駅となって久しい駅舎は窓口がカーテンで閉ざされているが、よくあるパターンのように板壁で塞がれておらず、綺麗に木枠のガラス窓が残されている。無人化されていても駅舎は美しく保たれ、荒れ果てていないことに感心した。

後日JR東海広報に取材する機会を得た。無人駅は毎日の掃除が困難で、山間にある駅だから虫の死骸も多く、定期的に待合室を掃除して綺麗に保つのが大変であるとのこと。さらに、小和田駅好きが高じてボランティアで掃除をするファンの存在があり、駅舎や天竜川沿いの遊歩道も清掃しているそうだ。こうした活動があって、山あいの秘境駅は気持ちよく人々を迎え入れている。放置するに任せていると、駅はいつしか荒れていき、木造駅舎も朽ちていってしまう。

駅舎を出て後ろを振り返れば、板壁の木造駅舎が山あいに凛として建っている。毛筆の駅名標も大変良い。駅舎はたしかに古いが綺麗に保たれて土台からしっかりと建っているようで、ひっそりとした古刹の本堂を前にしたときの緊張感すら漂う。ただ単に木造駅舎があるのではなく、血が通っている、生きているようだ。ふと気になるのは、道路のない駅で大掛かりなメンテナンスを必要とするときはどうしているのか。これは施設担当が保守用車両で巡回し、メンテナンスを実施しているとのことだった。

駅前は下り坂で、製茶工場などの廃屋が見えてくる。その先は崖となっていて、木立にオート三輪のダイハツ・ミゼットMP型が朽ちて倒れている。崖の向こうは佐久間湖だ。いまやすっかり湖となっているが、崖の下にはかつて小和田集落があって、奥三河、水窪、南信濃を結ぶ街道の要所、天竜川の水運の中継地点となっていた。

廃屋、廃車、ダムによって移転した集落。小和田駅は人家のない無生活空間であるが、佐久間ダムができるまでは人々の営みがあって、駅前も商店が存在していたという。廃屋

年季は入っているが草臥れてはいない木造駅舎。散策する人のために杖があり、壊れたカブも置かれている。ご成婚で湧いた駅舎は今や秘境駅の顔。

小和田駅舎にひっそりと掲げられている駅名標。国鉄時代か、まさか三信鉄道時代ではなかろう。とにかく何十年も前からの駅名標が残っていて嬉しい。

と廃車から往時の興盛を想像してみると、なんとなくこの山深い場所に駅が誕生したのも頷けてきた。廃車のミゼットがあるのだから道路もあったはずだ。

いや、待てよ。ミゼットＭＰ型が世に誕生したのは１９５９（昭和34）年だ。佐久間ダムが竣工したのはその３年前。ダム工事中に集落は移転しただろうから、ミゼット誕生前には道路が無くなっているのではないか。地形図には小道を表す点線が大嵐駅方向と、東側の山間部にある塩沢集落まで繋がっている。試しに塩沢方面へと30分ほど小道を歩いてみたが、車が通れるほどの道幅は途中で途切れていた。ミゼットは大嵐方面から来たのか、ここで朽ち果てたのは何故か？　謎が残る。

そういえば、小道には空き家となった人家があった。小和田集落最後の住人であったようで、郵便配達は飯田線を利用して小和田駅から徒歩によって配達されていた。住民がいなくなってからの駅は実質的に生活のためではなく、我々のようなファンが乗降する存在となっているということか。ＪＲ東海では、飯田線の他の各駅とともに駅の利用状況を総合的に勘案して廃駅とせず残存させているとのことで、結果として小和田駅へ訪れることができている。

小和田駅はご成婚ブームが去ったあと、秘境駅としてその名がじわじわと知れ渡っていった。旅慣れた者は時刻表を操り、ひょいひょいと計画はできる。が、1人で行くには敷居が高く躊躇する人も大多数いる。一度は訪れたい小和田駅。せっかくなので、飯田線の他の秘境駅も訪れたい。そんな声に応えるかのように2010年、JR東海が団体列車を走らせた。「魅惑の飯田線秘境駅号」である。同線内の秘境駅を停車しながら巡る列車は反響が大きく、「飯田線秘境駅号」として毎年運行し、2023年5月も実施された。ヘッドマークデザインは小和田駅だ。

飯田線秘境駅号は指定された各駅でしばらく停車し、参加者は駅の雰囲気を味わいつつ、周辺の観光も楽しむ。秘境駅の点在する飯田線ならではの臨時列車であり、「秘境駅とはどういうものだろう?」と、手軽に楽しめる存在となっている。この列車が毎年人気であるのはその証左であろう。同じ列車に乗っている大勢の乗客が小和田駅へ下車するため、ポツンと1人佇むような空間は非常に困難であるが、何駅か巡って気になった駅があったら、今度は自力で行ってみると、イメージしていた秘境駅の空間が味わえるかもしれない。リピートして訪れれば、残されている駅々も存在意義がある。

JR東海では今後も飯田線秘境駅号を運行し、沿線の秘境駅をアピールしていくとのこと。普段は静まり返っている小和田駅は、飯田線秘境駅号が停車する時は大層賑わう。そ

出札窓口は板で閉ざされることなく、しっかりとガラスも残っていた。飯田線秘境駅号が走る日は駅事務室内に職員が待機するという。

の姿は、鉄道会社が臨時列車を運行し手軽に秘境駅を味わえる、この路線らしい現象ともいえよう。

誰もいなくなった小和田集落を散策し、再び駅へと戻ってきた。約3時間、誰にも出会っていない。人々のいなくなった集落の玄関口で、綺麗に保たれた木造駅舎が出迎えてくれる。その姿はやはり古刹である。

コラム1

廃止になった秘境駅　峠下駅&真布駅

廃止になった秘境駅は、先のコラムに挙げた北母子里駅がそうである。この項では、つい最近廃止となった2駅を紹介する。留萌本線の真布《まっぷ》駅と峠下駅である。

真布駅は1956（昭和31）年に開業した無人駅で、糠南駅のように1両分の簡素な板張りホーム。待合室はやや年季の入った木目板が特徴的な片流れの木造待合室で、その風貌に似合うほど、手作りと思しき木目の駅名板が待合室内にあった。駅周辺は耕作地が広がり、ポツンと木造の待合室がある駅であった。

1910（明治43）年開業の峠下駅は深川～留萌間で唯一交換可能駅であったが、無人駅であった。木造駅舎が残っており、互い違いとなった相対ホームの構内は側線が埋もれていた。雨竜郡沼田町と留萌市境界の峠越えにある駅は留萌川と山々が迫り、蒸気機関車の補給地点でもあったのだ。戦後すぐの米軍撮影航空写真では、山間部ゆえに人家は少ないものの、駅前には数軒の建物が確認できた。

両駅は2023年3月31日に石狩沼田～留萌間廃止とともに廃駅となった。訪れたのは翌4月。廃止直前の大賑わいは嘘のようで、石狩沼田駅から先はレールこそ残っているものの、

廃止された路線の踏切はすぐに停止処置が行われる。鉄パイプでバリケードがされて、駅も線路も二度と列車が来ないことを示していた。

踏切は鉄パイプでガードされ、使用停止の文字が大きく表記されている。

真布駅はレール、ホーム、片流れの木造待合室が、先月と同じ姿で現れた。が、板張りホームの入口部分は踏み板が撤去され、骨組みの古レールが剥き出しとなっている。目の前は真新しい鉄パイプで立入禁止となり、ホームの駅名標は撤去済みで、2度とホームへ上がることはダメ！　と拒絶されているかのようだ。待合室内の手作りの駅名板が気になるが、これでは確認できない。ホームと待合室はまだしばらく残りそうな気もするが、いつ解体されてもおかしくない状況だ。元駅前の道路には町営バスの真新しい停留所ができていた。

峠下駅は木造駅舎が健在であったが、駅名標はすでに撤去済みである。建物があった痕跡は皆無と言えるほど何もない。たしか２００９年に訪れたときは、建物が何軒かあった気がする。この10数年間のうちに駅前の建物は消えたのだろう。峠下駅は駅施設がまだ残されていたが、鉄パイプで頑丈にガードされており、駅舎内も含めて敷地内はもう立入禁止となっていた。

４月の段階では形が残されていたが、これから跡地利用が決まったら一気に工事の手が入る。まだまだ現役時代の生々しさが色濃く残されていたが、やがてレールが剥がされて更地になったら、ここに秘境駅と呼ばれた駅があった記憶はどんどんと薄れていくことだろう。それは廃止となった駅の運命なのである。

第4章

〈対談〉
秘境駅ランキング生みの親・
牛山隆信×著者・吉永陽一

秘境駅とは何か。全国に点在する秘境駅の中からメジャーな駅を中心にして訪れ、私自身が五感で感じたことを述べてきた。王道を訪れるにあたり、その選定はインターネットの秘境駅ランキング「秘境駅へ行こう！」による順位と、レポートを参考にした。このサイトは200位までの秘境駅を調査しており、鉄道会社や自治体も参考にしているほどだ。実際に私が訪れたときの感覚とランキングの紹介内容は異なることがあって、十人十色、訪れる者が異なれば見方も変わるのだなと、なかなか興味深い。

旅を続けながら、「秘境駅」という言葉の実質的な命名者である牛山隆信氏の功績は偉大であると、あらためて感じる。牛山氏の名前を知らずとも、「秘境駅」のワードはすぐイメージできるほど、世間に浸透してきているといえよう。

ワードといえば、コラムで記したとおり私は鉄道空撮「空鉄」の言葉を使っているが、秘境駅の知名度には到底及ばない。言葉を広め定着させた者の功績には、長年の積み重ねがある。批判もあったことだろう。同じように言葉を考えた者として、言葉に釣り合うだけの実績の積み重ね、クオリティ、モチベーション維持の大変さが伝わってくる。

ここまで牛山氏のことに触れたが、そういえばまだお会いしたことはない。そこで、共通の知人である、フォトライターの栗原景氏を介して、秘境駅へ訪れるついでにお会いした。東京都内から合流地点の三次駅まで距離はあるが、私にとっては〝ちょっとそこまで〟の感覚である。当然、まっすぐ三次駅までは行かず、下関方面と山陰方面を経由してからの合流となった。

初めまして！　の旅人同士の他愛もない会話からさっそく馴染み、秘境駅が生まれた経緯、秘境駅の将来が見えてきた。会話形式でお届けする。

吉永：秘境駅の誕生のきっかけは、ずばり「秘境っぽいな」という会話が単語になったのでしょうか？

牛山：そうです。おっしゃるとおり。

吉永：初著では張碓《はりうす》駅を扱っていましたね。本来は仲間達で行こうとしたのですか？

牛山：あれは拘《こだわ》った。僕は基本、仲間を連れていくことはしない。ちょっと危険なことをすると誰か怪我をし、最悪亡くなる。生き残ったら頭を下げなきゃいけないのがすごくきつくて。

吉永：たしかに、1人行動だったら「仕方ないよねぇ」で済むけれど。

牛山：実際危険なことはあって、張碓は滑落の危険があった。雪でどうしようかなと、それは行っちゃいけないと天の声があって引き返して。

吉永：動物的勘みたいな（笑）　話は変わって、私がこう言うのもなんですが、最近は秘境駅」という単語をつければ売れるような風潮がある気がします。

牛山：あるある。秘境駅へ訪れる人々もご年配が目立ってきたようです。「飯田線秘境駅号」はだいたいご年配の人々が乗る。当然目的も同じ列車だから、満席の状態で駅に着く。

吉永：観光地へ来て、いっぱい人がいるねと言うみたいな……。

牛山：そりゃあ人がいますよね。それとは別に、僕自身は地域の活性化という見解もあって、やりがいを見出していたんだけど、だんだんちょっと疑問が出てきて。

吉永：相反するものになってしまうんですよね。

牛山：秘境駅まんじゅうやせんべいをやり始めちゃったから……。

吉永：いかにも日本らしい（笑）

牛山：それはやめてくれよって思うのだけど、そうとも言えない。

吉永：でも実際に、それで注目されたから駅として存続したという効果はあります。

牛山：そうなんです。そうでなかったら、田本も小和田も無くなっていますよね。まんじゅうやせんべいなどはもう必要悪というのか。

吉永：小幌駅の場合は豊浦町によって残った。

牛山：あれは危なかったんです。豊浦町が維持費用を出してくれると。僕も小幌へ行き、豊浦町で『ありがとうございます』と町長に挨拶して。

吉永：2023年も維持を継続していますね。毎年、JR北海道と維持管理に関する契約を更新しています。

牛山：『よろしくお願いします。お客さん必ず来るから』って言いました。それから写真まで撮って、表敬訪問しました。いやもう嘆願ですよ。『残してください！』と嘆願です。小幌駅は僕にとって看板。あの駅が無くなっちゃったら困るんです。

吉永：駅としてはずっと国鉄時代から存在していたんですけどね。「秘境駅」の言葉が生まれなければ、ちょっと個性的な駅というのか、『行きづらい駅だよね』って。それに見合う言葉がなかった。それがあの漢字三文字でドーンとキャッチーだったのは大きいのかなと思うのです。

牛山：駅というのは、人が集まったり降りたりする場所。そこ（駅）は目的地にするところではないけど、列車と外界が繋がる接点じゃないですか。そういうところを敢えて訪れる。駅旅ですよね。列車はアクシデントとか無ければ時間通りに来て、時間さえ守って、基本的に誰でも切符を買えば行くことができるんですよね。

吉永：そうですね、身分関係なく。

牛山：身分関係なく、そうそう。

吉永：一昨日は行けなかったですけど（笑）　※注、第2章備後落合駅を参照

牛山：アクシデントはねぇ。

吉永：私はアクシデント系なんですよ。いつもネタに欠かせない。

牛山：それは凄いですね。

吉永：糠南駅では、私は飛行機も好きなので、稚内空港へ行ったことがなく、稚内から入ろうとしたら空港が天候不良で運休と言われて。で、翌日に行ったという。運休するところから旅が始まった。印象的です。それをプラスに感じられるか、最悪だ（泣）と頭を抱えるかは個人差なんですけどね。

牛山：個人差だねぇ。アクシデントかぁ。栗原景さんが雨男だから、あの方と行くと必ず雨で。いや、飯田線の取材なんて雪でしたから。ありえないらしいんです、飯田線で雪が降るって。景さんと行くと雪まで降ったという伝説作っちゃった。

※注、フォトライター栗原景氏。自他ともに認める雨男である。

吉永：秘境駅はいままでいくつぐらい？

牛山：500駅くらいは……。僕なりに調査をしていて。最初は地図を見るじゃないですか。とくに目をつけたのが県境の駅で、隣の県との交流は少なく、しかも峠が多い。国道は峠を越えるにしても、車ってゴムタイヤで粘着力があるから真っ直ぐ行けるけど、鉄道は粘着力が弱くて急坂が登りにくく、峠を曲がらないといけないから、自ずと道路から外れるんですよ。山に入る。そうしないと線路が敷けないから。そういうところにスイッチバックがあって、大畑駅や真幸《まさき》駅は、山に登るための施設として開業した。そこはもともと街道から外れて村や町がないから、鉄道職員しか住まない。その人たちがCTCでオートメーション化されちゃうといなくなる。駅だけが残る。

吉永：備後落合みたいな？

牛山：まさに備後落合駅とか。あの駅の周りは家が数軒だけですよ。人住んでいないですから。かつては散髪屋や食堂があったがいまは誰もいない。鉄道職員が住むから町ができて、職員の合理化によって人がいなくなるパターン。あとは過疎化ですね。やっぱり、この峠とかジャンクションとか、そういうところは地形的になるべくしてなった。

吉永：まずその辺りをチェックする？

牛山：うん、チェックする。ネットはあったが情報が少なかった当時は、僕が掲示板に『どこどこ行きたいがどうですか?』という質問を介して、（掲示板の相手と）キャッチボールしながらアタリをつけていくのが多かった。実際にその場へ行く時に列車の先頭の前面展望で被りつきながら、1、2、3、4と人家を数えて。

吉永：へぇ、キーワードの一つは人家の数ですか？

牛山：そう、人家の数。あとはロケーションなど含めて。運転士に直接どの駅が乗降客少ないですか?って。『なんでそんなこと聞くの?』と言われたこともあったけど、直接聞いた。で、『そこは乗降客が無いね』とか。実際にアタリをつけた駅へ降りた時なんか、乗車している高校生から『なんでこんなところ降りるの?』って指さされて。『何あの人?』ってケラケラ笑われて。こちらは登山用のザック抱えてね、駅寝用装備だから。こんなの抱えていると『何やっているのあの人?』ってなる。羞恥心との戦いです。外見気にしていたらやってられない。

この道を進まないと。実際、五能線の驫木《とどろき》駅かな、寝坊してなんか騒がしいなと思ったら、女の子たちが駅舎に入ってこない。こちらが浮浪者扱い。そんな経験もしました。そうやって降りて調査する。あとはぐるぐると駅の周りを廻る。駅のホームは両端を行く。そうやってどんなものが残っているかなと写真を撮る。

吉永：自分の足で稼いだのですね。羞恥心との戦いは分かるなぁ。

牛山：もうそれしかない。情報がない。自分がその情報を出していくと、似たような趣味の方が集まってきて、小学館から面白いと言われて本を出すきっかけになった。「秘境駅へ行こう！」は１９９９年に開設したかな。ホームページビルダーでね。

旅のスタイルの変化

吉永：旅をしていると駅で寝ることに興味が湧き、私も深名線では駅寝をしてました。当時「ＳＴＢ」の本を持っていて……。

※注、ＳＴＢ、ステーションビバーク、ステビー。駅で寝ること。駅寝。

牛山：おお、それ持っている。４連ベンチとか。あれ背中痛くなる。

吉永：風蓮《ふうれん》の駅ではヤンキーに絡まれるとか。

牛山：北九州の大任《おおとう》では寝ちゃいけないとか。変なノウハウがついた。

吉永：私が高校から大学の頃はそういうのが流行っている、当たり前の存在でしたね。

牛山：当たり前だったね。さらに先輩たちには「カニ族」というのがいて、呼び名はキスリングのリュックから来ているんだけど、横長のやつ。あれが稚内とか旭川の駅の軒下にズラーっと並んでいた。

吉永：私はいま45歳なのですが、おそらく（駅寝の）最後の世代だと思うのです。いま30代以下の人々はやらないのでしょうか？

牛山：やらない。もうやっちゃいけない行為になっているから。防犯上ルールが決められちゃって、営業時間外はダメ、最終列車から始発列車までは入っちゃダメと明確になったから。もう駅寝禁止だと。宿泊禁止とか書かれている。

吉永：そういえば旅のスタイルも変わってきた。２００9年に釧網線へ行った時に『最近は、若い人のツアー客が多いけど定年後の人たちは自由旅が多い。昔とは逆で、どうなってるんだろうね』と地元の方に言われた。それは旅の変化なのかなと思ったのですが……。

牛山：時刻表離れかな。「時刻表を読みこなす（KADOKAWA発行　2010年）」という変わった本を出して、色々書いたんだけど、スマホだと自分で経路を選べない。途中で休憩したいとか、途中下車したいとか、そのときの気分によってルートが選べないんですよ。最短時間で計算したり、チェックボックスを外して普通列車で行ったりとか、新幹線とか特急にするというパターンは選べても、他の列車が見えないんですよね。自分でプランを作るときスマホでやると、時刻表に慣れている人はできるけど、時刻表を知らない、慣れていない人にはできない。

吉永：縦割りみたいな？

牛山：そう、超縦割り。時刻表は俯瞰して、どの列車がどのような乗り継ぎで、他のページも捲《めく》って、コレがコレでこうなのか……と組み立てられる。マニアになると、どこの駅でこの列車は抜かれると分かってくるんですよ、「所要時間が妙にかかっているな」とか。そういう読み方ができる。時刻表は調べるだけじゃなくて、鉄道を紐解く読み物。自分がどのような旅に合っているかコーディネートできる。

吉永：ましてや秘境駅と言われる駅はそのハザマにありますよね。

牛山：特に秘境駅の場合は通過する列車が多い。『レ』マーク。普通列車でも通過していく。その時は隣の駅から歩いたり、上下列車を使って訪問して、帰りの行程を調べなきゃいけないんです。それをスマホでできるかと言われたらできないなんです。上り下りでひっくり返して検索して、また次の駅へやって……、結局、時刻表の方が早いやってなる。上り下りをうまく少ない列車で効率よく巡っていく。これは時刻表がないとできない。秘境駅の探索でそれは生きてくる。

吉永：まさに坪尻駅など最たる例ですよね。

牛山：坪尻駅は歩くにも国道まで６００ｍ山道を登らないといけないからね。

吉永：ちょっと怖い廃屋を過ぎて行かないと着かない。あと最近の秘境駅ブーム。秘境駅のツアー旅行は、それはそれで手軽だし、旅慣れてない人には良いのだけど、ある程度パッケージ化されているなと思っているんです。

牛山：ちょっと古い言葉だと、「安近短」があった。なんだろうな、そこに申し込めばパッケージでついてくるから見逃さないという変な安心感。誰かに見せてもらうことはあっても、何か自分で発見するプロセスがないですよね。自分で何か『お、面白い』って感じるものがトリガーになって、じゃあここはどうなの？　という派生が無いんです。「ここに行ってきたぜ、これに乗ってきたぜ」と満足する人吉永：もいるから、一概にこれがダメとは言えないけど、そこから先にどうやって踏み込むかとなったときに、たぶんそこで終わっちゃうかなと思いますね。（旅を）考えますよね。私も幾多のトラブルを越えてきたので。だからイレギュラーな展開ばかりの写真作家をやっていけるのかなと。

牛山：トラブルがなかったら絶対やっていけないと思う。経験値ができないからね。新しいことがあっても『ああ、こういうパターンね』と、危ないなと頭が働くから。それは経験値という栄養ですから。

吉永：それがほんとの教育じゃないけど、実体験。

牛山：つまらないこともしますよ。飯田線で天竜峡の駅かな。中部天竜に行く方と逆方向に乗っちゃって。あれ、列車が逆に動いているって。やっちゃった。川路駅から走ったとかね。走って間に合った。対向列車が遅れていて止まっていた。すごい運が良いときがあって。これで全部プランが崩れるんじゃないかと焦りました。

吉永：私も今回「奥出雲おろち号」に乗る予定だったんですが、肝心の指定券を家に忘れてしまって。

牛山：あーやっちゃった。あれ、でも自由席乗れますよ。

吉永：自由席がなかったんですよ。もう一つ付いている車両は控車で、寒いときは避難してくださいとか、そういう車両でダメだったんです。で、満席だったからごめんなさいと。こっちの落ち度だし、切符忘れたのは初めてのことだったから。そして後続列車に乗ったら倒木で。

地域おこしのジレンマ

吉永：話がそれました。最近は秘境駅の言葉が一人歩きしていると感じるのですが、このことについて素直に思うことがありますか？

牛山：どんな人が訪れてどう感じるかは人ぞれぞれあると思うし、型にハマりたくない。それぞれの感じ方で楽しんでもらえればいい。

吉永：それと、地域おこしってあるじゃないですか。

牛山：複雑ですね。いい面は先ほども言ったように、駅が残る。それは嬉しい。ただやり過ぎるとちょっと待ってよと。秘境駅を目的に皆が来ているから否定はできない。いろんな人に楽しんでもらう分には構わない。ただ、あからさまに変な商品化をするとか、そういうことじゃないよねと。その匙加減はねぇ……。

吉永：今回は実際に秘境駅のメジャーどころを取材したんです。たしかに秘境駅として地域おこししている駅の雰囲気は（変な装飾やレトロ化せず）そのまま残っているのが多いですね。

牛山：雄信内《おのっぷない》駅とか？　雄信内も行ったんだけど、あそこはゴーストタウンどころか、それもなくなりつつあって、もう一軒しか廃屋がないんですよ。他は全部崩れちゃって。ゴーストタウンですらなくなっている。すごい状況でした。こうなると（宗谷本線の）豊清水と同じように信号場化されるのは間違いないですよ。

吉永：雄信内駅は行かなかったのですが、係員の詰所代わりに駅舎がありますね。

牛山：駅として残るのは風前の灯。ふう〜っと吹いている最中かもしれない。駅が無くなっちゃうのは困るけど、すごいジレンマです。矛盾というのか。

吉永：今回秘境駅を巡っていて、こういう旅でいいんだろうかと自問自答することがあって。自分がそのブームに乗っかって旅しているようなものになるから、矛盾しているなと自己批判のように思っちゃいまして……。複雑な心境でした。

牛山：そうだ、空撮をやられるということは、実際にドローンを飛ばすのですか？

吉永：違うんです。私はドローンの操縦が下手で。実機、セスナ機とヘリコプターをチャーターして、いわゆる昔からある空撮なんです。

牛山：すごい。いや、てっきりドローンを飛ばすものだと思っていて。

吉永：いまとなっては、空撮と言えばドローンですよね。

牛山：実機なんだ。相当お金も……。

吉永：かかっています。一向に生活が楽にならない。自腹ですし。

牛山：僕はてっきりドローンを飛ばすとばっかり思っていて、それで答え合わせするようなことはしないでくれと思っていた。それで単純に答え合わせするようにやられるのは、なんか「うーん」と思ったんだけど、そこまでするならばね。

吉永：実機なんですけれど、今回空撮はほとんど載せないというか、自分の足で行く。システマチックに秘境駅を巡りたくない、それは違うのではないかと感じて。

牛山：なるほど。分かりました。空から見た経験があるから、何か目線が違うのかな。秘境駅はどうしても無くなりつつある運命なので、決められているんです、寿命が。そこに人が住まなくなって、どんどん人が出ていって、合理化で鉄道が赤字でどうのこうのとなって、線路の存続すら厳しいのに。

ただ、複雑な心境といえば、「青春18きっぷ」で巡るのは、結局首都圏で買った人たちが現地へ訪れて、列車が満員だったとしても現地には一銭も落ちない。ちょっとアンフェアだよね。無人駅だから切符を買うこともできません。結局運賃箱に入れる小銭しかない。そんな状態だし、冬なんか雪が積もって除雪にお金がかかって、その辺が何も考慮されていないのが可哀想だなと思う。

吉永：なんか「18きっぷ」で秘境駅を巡るのも気が引けます。

牛山：もちろん切符としてはあるからね。世話になったし、ずっとやっていたけど、ちょっと安易さに反省……。ではなくて、切符形式じゃないICカード形式で、車内で降りたときにピッとやって、そこでお金が加算されるようなインセンティブを。なんというんだろう、QRコードみたいなものを車載してね。そんなシステムだったらフェアだよね。首都圏で「18きっぷ」を買うときにインセンティブ用のお金をチャージし、秘境駅で降りたらチャージした金額が、乗車したローカル線の収入になるシステム。どこで乗ってどこで降りたと、旅の記録も残る。

吉永：安くで行けてラッキー！ ではなくて、秘境駅や路線の収入に直結するような付加価値税みたいなものを加算した「18きっぷ」でしょうか。実現したら面白いですね。

旅は自己責任である

吉永：最近は老若男女、手軽に秘境駅へ行きますね。

牛山：行くのであれば、自己責任となることを考えてほしい。訪ねるのは構わないけど、何かがあってもそれは管理者が悪いのではない。そう、頭に置いてから出てください。でないと次に行く人が行けなくなる。それが一番迷惑なんですよ。誰でも行ってくださいじゃないんです。ちゃんと覚悟を持って、自分のことは自分で。これは声を大にして言いたい。飲料や食料、虫、暑さ、寒さ、そういうものは誰も手助けしないし、店もない。時間もね、時刻表を見るスキルをつけて、時間を守らないといけない。例えば坪尻駅。マムシがいるけど、救急車も来られません。何かあっても命にかかわる。自分で患部を吸ってペッとできる人じゃないと難しいかな。

吉永：尾盛はヒル。6月からすごいと大井川鐵道の方が言っていました。

牛山：山蛭か。あそこ、すごい湿気でしょ。

吉永：私が行ったのは3月だったので良い季節でしたが、たぶん6月7月は……。

牛山：湿気の多いところはね。坪尻も谷底で湿気が多いからマムシもいるんだけど、尾盛も酷くて、元々ダムの導水工事の時にできた場所だから。

吉永：旅行と旅は違うなと思っているんですけど、秘境駅は「旅」だと思います。

牛山：はい、旅は自己責任なんです。ある程度遅れたり何かしたり、色々なことがあるかもしれない。その原因を作ったのは本人。責任転嫁をして世間を騒がせることは本当にやめてほしいですね。秘境駅の存在が崩壊して、廃止になる。趣味というのは脆いのです。

秘境駅とは

吉永：最後にちょっと。秘境駅を追いかけてライフスタイルは変わりましたか？「秘境駅＝人生」と言えるものでしょうか。

牛山：そこまではないですよ。人生全てではなく、ある意味出版としては成功したかなと。「秘境駅」は私だけのものではないですし、オートバイはもう降りたけど、キャンピングカーにしてみても他にも趣味いっぱいありますから。どちらかというと鉄道に拘っているわけではなくて、時間は人それぞれ有限ですので、限られた時間のなかで旅をして、限られた手段で考える。鉄道だと歩いて廻るしか方法はないけど、車で来ると周りがどういうものか分かるし、また違った目線で見られる。街からどれだけ離れているとか。鉄道で行って車で行って、いろんな見方をして。それも秘境駅の旅の一つの方法だし。旅は自由でいいんじゃないでしょうか？　バイクで行く人もいるし。自転車で行ったり、駅の間を歩いてみたり。よくあるじゃないですか、駅間歩き。俺もやっていたけどね。

吉永：なるほど、旅は誰に強制されるものではないですね。あと、私もぼぁっと考えているのですが、これからの秘境駅はどうなっていくでしょうか。

牛山：いつかは無くなります。そして今後秘境駅は観光化して残すパターンと、観光化のためにつくるパターンに分かれていきます。つくるパターンというのは、そこはみんなが降りる駅ではなくて、臨時駅というか、臨時列車の特定の列車で会員を募った人しか降りられない。そういう駅はあえてランキングに載せていません。黒部峡谷鉄道の工事関係者しか降りられない駅も載せていません。みんなが降車できるならば秘境駅だが、それは専用駅なので別なんですよ。

吉永：勝手駅というか、うーん、私（わたくし）の駅というか。

牛山：それですね。私の中では普通に時刻表に載っていて、乗車券が買えて降りるような駅でないと秘境駅にはしないことにしている。工事の人とか林業の人の専用駅まで秘境駅と言ったら、いろんな人が変な無駄な冒険をして訪れるから、あえて載せていない。

あとはこれからどうなっていくかと言えば、廃止の運命。観光化と言ったってブームが去ればそれまでなので。けっきょくそうなんですよ。それを分かってて最後を楽しむ。時間と共になくなっていくのだから、最後を楽しむ。これから秘境駅が増えることはまずない。増えたところでそこに行きたいとは思えない。消えゆく運命だから貴重だし、儚いし。最後を見届けるのが僕ら旅人です。そこに人が住んでいないのだから。

列車の発進停止でお金かかって、駅の除雪やらいろんな壊れたものを直すのにお金がかかって。列車の効率的な運行もできない。そういう駅は無くなりつつあるのは分かっていて、でもやっぱり小幌とか無くなっちゃうと寂しいじゃない。あまり残せって言うと、言い方もあるかと思うんですけど、『お前らは旅して時々訪れるだけだから、そんな上から目線で言っているかもしれないけど、こっちは生活してんだよ』とかね、『経営してるんだよ』となるけれど。経営するにしても、利用者がいてこその経営なんだから、一人でも楽しむ人がいるし、それだけ利用価値がある。残せ！とは言わないけど頼むよ！という感じですね。

吉永：どうしても、数字だけで見ちゃいますからね

牛山：数字だけで見るからね。違うんだけどね。やるんならばフェアに、さっきの料金収受システムみたいなものを構築して議論してよって思う。

吉永：たしかに、時代にあったやり方はあると思う。

牛山：あると思います。どうしても利用者が居ないというのであれば仕方ない。高校生が卒業して乗降者数ゼロになっても残せって、僕は言えない。それはエゴだよ。それこそ最後を楽しむ。しみじみと思うこともあるし、以前来たときから随分と変わったなと、時の流れも駅一つ一つにあるわけだから。そういうものを廻ってね。儚い。消えゆく運命。流れ星ですよ。ほんとに無くなっちゃう。

吉永：無くなります、確実に無くなる。あ、いけない。もう行かなきゃ。15時だ。

　２０２３年４月、三次駅付近にて。私は翌日の関東空撮業務のため、もう少し話したかったが列車に駆け込んでいった。牛山氏もこのあとはキャンピングカーで旅をするという。旅人同士、お互いにまたどこかで会う気がする。

第5章

今後の秘境駅はどうなる

私は、世界有数の乗降者数を誇る渋谷駅を日々利用する。その対極の存在である秘境駅とはどんなものなのか、第1章から何かしらの答えを見つける旅を続けてきた。

大混雑する渋谷駅から、何時間も人に出会わない駅へ行ったとき、最初は人の気配が感じられず正直不安に駆られた。生まれたときからビルが林立し、人波が絶えない都市に触れていると、鉄道があるのに、人間がいない、人工物よりも自然が多い空間はどうしたらいいのか戸惑うのだ。

だが不思議なもので、しばらくその場に佇んでいると不安は和らぎ、異なるものに触れる興味と探求心が沸き上がり、高揚感に包まれていく。私はこのとき旅人である。旅は好奇心と探求心の塊みたいなもの。その場の空気へ触れることに貪欲である。

誰もいない山奥の駅、本数の極端に少ない駅、牧歌的な駅。ときには鉄道会社の方からお話を伺いながら、秘境駅となった駅を巡ってきた。どの駅も〝いずれは廃駅になるかもしれない〟という終点は見え隠れしているけれども、過去の栄華を少しずつ顧みながら余生を送る穏やかさがあって、他の駅とは異なる時間軸にいるかのように、ゆっくりとゆっくりと時を刻んでいた。その過程で牛山隆信氏と対談し、お互いに思いを語り合うことで、秘境駅のこれからがおぼろげに見えてきた。

牛山氏が述べた「最後を見届けるのが僕ら旅人です。そこに人が住んでいないのだから」との言葉は、私の心に深く浸透する。秘境駅はどんなに頑張ったとしても廃止の運命であり、観光化した駅もブームが去ったらそれまでの命。そういう近未来が透けて見えるからこそ、駅の最後を見届ける旅を楽しむ。なるほど、旅を続ける者ならではの視点である。

秘境駅旅の総仕上げを纏めていた梅雨、2023年6月17日付の北海道新聞報道で気になる記事があった。「道内42の無人駅が経費削減や除雪作業の労働力不足が深刻であるため、廃止を検討している」とのこと。通学に使用する駅も含まれており、沿線自治体と協議を重ね、維持管理を自治体へ移管するか、あるいは廃止か検討されていく。そのうち宗谷本線初野駅、石北本線愛山駅、函館本線中ノ沢駅、石勝線滝ノ上駅の4駅は、来春に廃止か自治体に維持管理の移管を目指しているという。

この42駅の中で宗谷本線は、瑞穂、日進、智北、初野、恩根内、天塩川温泉、咲来、筬島、佐久、問寒別、糠南、雄信内、南幌延、下沼、兜沼、抜海の16駅と最多であり、仮にこれらの駅が廃止となれば、名寄駅以北は智恵文駅や勇知駅を除いて特急停車駅のみが生き残ることとなる。最北の秘境駅として謳われている抜海駅も2024年に開業から100周年を迎える前に、廃止か存続の協議が続けられている。

16駅は、JR北海道が平成29年〜令和3年の11月に実施した乗降者数調査の平均値で一日の乗降者数1名以下、ないし1〜3名以下の駅である。そして、その半数以上が秘境駅ランキングや書物などに紹介された駅だ。第1章で紹介した糠南駅もある。なかには一度廃止が計画されたが、地元の存続運動により自治体が維持費用を負担して管理する駅もリストに再浮上している。この度の報道を見るかぎり、駅前に人家のない駅だけでなく、小さな町が形成されている駅も廃止検討となり、記事に書かれた42駅は存続か廃止か、これからの協議となる。

以上は北海道新聞の報道であり、JR北海道が公式にリリースした報道資料ではない。イチ旅人としてJR北海道の廃止検討を批評するつもりではなく、牛山氏と全国に点在する秘境駅の将来について語った後のタイミングであったため紹介した。

利用者がほぼ0人の駅を停発車するだけでもディーゼルカーのエネルギーを消費し、冬季の除雪では人件費がかさむ。経費を削減せねばならないなかで、沿線自治体の協力を求めるのもやむを得ない状況にきている。

JR各社、民鉄会社、第三セクター会社の中にも乗降者数が10名以下の駅は存在し、すぐに廃止を検討するというニュースはないが、利用者数が極端に少ない駅は維持費の観点から駅の存続にも関わってくるだろう。現在は何とか微妙なバランスで維持できていても、今後駅を維持するには沿線自治体の助けも必要となり、しかしその自治体も財政難で困難、という状況が出てこないとも限らない。特に平均乗降者数10名以下、1～3名以下の駅の中には、やがて消えゆく運命の秘境駅もでてくる。

私が訪れた駅は、どこもメジャーな存在であるとともに、一日の乗降者数は発表されているものだけでも50人以下から10人以下の駅ばかりである。道路がない、列車本数が数本のみなど、到達が難しい秘境駅ばかりで、突出して乗降者数が少なく、ロケーションもひと癖ふた癖あって、いつ廃止されてもおかしくない存在だ。いまや秘境駅が所属する路線はたいていがローカル線となり、運行本数は激減している。だからこそ秘境駅が誕生する。そういうサイクルが過去から発生してきた。

その中で小幌駅、糠南駅、尾盛駅、小和田駅といった秘境駅愛好家の「聖地」となっている駅は、行政や鉄道会社が地域発展と観光の呼び水として活用している。駅が少しでも活性化すれば、その路線も注目され、潤うまではいかないにしても、断続的に来訪者があれば維持されていくことだろう。だが、過度な観光化は正直きつい。

最近では「三丁目の夕日」的昭和レトロ化が定着しているのか、駅や鉄道施設に限らずレトロな演出を時々見かける。確たるコンセプトがなければ、安易な流行りに乗った薄っぺらさは否めず、仮にどこかの秘境駅を〝昭和レトロ化演出〟するような観光化を施したならば、それはもう秘境駅ではなく、観光アトラクションの一つだ。昭和っぽくて面白そうだから、〝映えそう〟だから降りてみようということはあっても、秘境駅だから降りてみようとは、私は思わない。

旅人の考えは人それぞれなので、一概には言えないが、私が秘境駅に魅力を感じる最大の要素は、素のままの姿である。駅が設置され、ある時期に改良や駅舎の撤去、柵を設けるといった変化は、駅の運営に必要な新陳代謝であって観光化ではない。そうやって変化して（あるいは変化しないで）、現在に至る。その姿を目の前にして、駅の歩みと周囲の風土、人の営みのにおいといったものを五感で感じ取り、自分の中へと消化していくのだ。せっかく積み重なってきたものをハリボテのように「こうですよね」と観光化するのではなく、そのままの姿を維持していくのである。

とはいっても、現状を維持するのは労力を伴う。大井川鐵道、飯田線、豊浦町を例にとっても、秘境駅の魅力をいち早く理解し、いま存在する姿そのものを維持し続ける姿には、残していてくれて大変ありがたい気持ちでいっぱいだ。何度でも再訪したくなる。

今後、秘境駅はどうなるか。牛山氏と対談して同じ意見になったのでは？　と思われてしまうかもしれないが、私もやがては消えゆく運命なのではないかと、最近ひしひし感じている。私が自由に旅へ出られる年齢になったのは国鉄からＪＲへと変わったあとで、青函連絡船や宇高連絡船も見たことがなく、鉄道は次々と廃止され、代わりに道路が次々と造られていった。鉄道の斜陽化どころか、車が当たり前であった。そのような世の中であっても、まだ各方面へと結ぶ在来線の長距離列車がぎりぎりに存在していたのだ。

学生時代から約30年間鉄道旅をしてきて、路線や優等列車の廃止、運行本数の減少などを肌で感じてきた。年々と廃止や縮小を目の当たりにしていると、利用者のいない駅の廃止はやむを得ないと、諦めに似たような感情となる。そう感じてしまうのは、鉄道の廃止と縮小が当たり前となっている状況を生きているからか。だから、誰もいない駅を肌で感じながら、賑わっていた時代を妄想するのだが……。

一人の旅人が残してほしいと心の底から思っても、沿線地域の人々や運営する鉄道会社に多大な負担がかかる事情を知ると、心情だけで残せとは言えない。

昨今は自然災害による長期運休が多くなり、今後は路線廃止が次々と起こりかねない。鉄道網はじわりじわりと縮小し、整理されていく。世の中が、鉄道はもう古い交通システムだから要らないとなれば消え、駅も消えていく運命だ。私にとって一番身近な存在である山手線ですら、一世紀後、二世紀後は鉄道の形で残っているかどうか。ベルトコンベヤー式のチューブになっているかもしれないし、鉄道ではあっても駅がかなり統廃合されているかもしれない。東京が現在のような都市ではなくなり、人々が何処かへといなくなっていたとしたら、今はターミナルとして栄えている駅も、利用者ゼロで廃駅となる可能性も否定できない。どんな駅も、利用者がいなければ廃駅となる運命だ。

しかし、すべての鉄道が無くなることはない、と思いたい。現在は鉄道を必要としている人がいて、物資の輸送にも鉄道は不可欠な存在であり、人々が移動し集う地点として駅の役目がある。私はその中のとある駅へ少しお邪魔をするのだ。

序章で、旅人はその土地の上澄みを感じていくに過ぎないと記したように、実際に生活し秘境駅を毎日利用する立場の気持ちではない。旅人は駅の雰囲気を感じつつも、生活の一部というリアルには触れられない。適度な距離感を保つ存在だ。

いや、その考え方は違う。現実を直視せず逃げているだけだ。その土地、その秘境駅に肉薄して向き合ってこそ旅人だという意見もあろう。それも一つの考えだ。旅人は自由であり、己の信条で行動する存在なのである。

秘境駅は旅人のためにだけに残されているのではなく、数少ない利用者がいる、あるいは見込めるから残されている。利用実態と対策を十分検証し、議論されたうえで廃駅となるのであれば、もうその土地の玄関としての役割を終えたことになろう。その検証と議論の過程で、素人目には運行ダイヤの見直しを図ればもう少し利用者が見込めるのでは？と思う駅もある。例えば抜海駅のように（人員確保や経費の面など、ダイヤの見直しが難しい事情があるのかもしれないが）。

ただ我々旅人は傍観者であるが、決して無関心でいるべきではない。地域が立ち上げた駅存続のクラウドファンディングに参加するのは、手軽に自宅から応援できる。なんだ、さっきの適度な距離感とは違う意見じゃないか。正直、悩むのである。イチ旅人が秘境駅の存廃に対して、地域の人間でもないのだから生半可に口を突っ込むものではない。自分も旅人として立派な利用者なのだから、鉄道の未来のためにも無関心ではなく、積極的に存続へ向けて取り組まないでどうする、と。

〝これからの秘境駅〟と章立てをして、結論は「悩む」という、少々煮え切れない結末で恐縮だが、この章はもとより、この本は秘境駅の将来をデータなどで評するものではないので、これくらいで締めくくりたい。

　秘境駅は今日も誰が降りるわけでも、乗るわけでもなく列車の到着を待ち、乗務員はドアを開け、誰もいないのを確認して閉める。時々、ポツポツと利用者が訪れる。決して利用者は0人ではない。なぜここが秘境駅になったか知りたく、私はその駅へ降りる。誰も住んでいない駅前を眺めながら、こう思う。いつまで残っていられるのか。そして悩む。どうしたらこの駅が残っていけるのか。漠然とした答えは出ている。いつかは終わるそのときまで訪れて考察し、足跡を残し、駅の存在を少しでも世に伝えていこう。これが私の旅である。

まだ雪が残る最北の秘境駅抜海の駅舎。2024年で開業100周年を迎えるが、廃止か存続か、稚内市、JR北海道、地域と協議が重ねられている。

あとがき

おわりの放言と旅のはじまり

秘境駅への旅と題して駆け足で辿ってきた。第5章が「あとがき」に近いまとめとなり、自分なりに将来の秘境駅について考察を試みた結果が、悩むという〆となった。読者の皆様の「うーん、それで何が言いたいんだい？」と突っ込む声が聞こえてきそうで、少々お腹が痛くなりそうだ。第5章の補完ではないが、私にとっての秘境駅旅は未完、ではなく始まったばかりであり、これからも旅を続けていくことで自ずと答えが導かれていく……。はずだ。

纏めたように見せかけて体よく逃げたなと思うかもしれないが、こういうことは旅を続けながら自分の中で反芻し、色々な意見や人と出会って答えを見つけていくもの。読者の皆様それぞれが、この本をきっかけに秘境駅の将来について「どうなるんだろうな……。」と興味を覚え、さらに風前の灯火の駅へ訪れてくれたら、私は書いて良かったなと胸を撫でおろすのである。

さて、私は「空鉄」のタイトルで書籍を数冊手がけ、鉄道空撮写真を主軸に書き綴ってきた。新書というジャンルの本は初めてである。本を読むのは大好きであるけれど、自分が書く側になるとは、しかも十八番の空撮ではなく、地上の（！）秘境駅とは。はたしてできるのか。編集部との打ち合わせで、秘境駅はいかが？となったとき、すぐに頭をよぎったのは牛山隆信さんである。私よりも適任者ではなかろうか、秘境駅を執筆したのが吉永って誰だよ？とならないか。正直、不安のほうが大きかった。

そこで、まだお会いしていない牛山さんにご挨拶して対談しようと決めた。鉄道関連のライター、フォトグラファーは何処かで一度は会ったり存じていたりと狭い業界なのだが、牛山さんとはまだお会いしたことがなかった。そこで栗原景さんに取り次いでもらった。出会ったときに案内していただいたあのキャンピングカーは、まさにA寝台個室であった。キャンピングカーについては、牛山さんの著書や近況を参照されたい。

私は鉄道に乗って旅をするのが至福である。鉄道撮影、特に空撮が主体ではあるけれど、まず被写体の鉄道に乗ってどんな路線なのか五感で感じてからでないと、うまく写真に表現できない。乗って撮る。その言葉を大事にして、写真で鉄道を表現している。乗車する過程で、秘境駅も訪れることはあった。ただ、秘境駅を目的とした旅ではないから、何十もの駅を訪ねてきたわけではなかったのだ。それで、今回の本である。

この本をつくりあげるにあたって、いままで訪れてきた駅だけでなく、未踏の秘境駅へいくつも訪れた。せっかくだから現地の声も聞きたい。役所や鉄道会社の方々とやりとりしながら、現場の生の声を聞き、実際に現地で出会った人々との語らいもあった。最近は空撮業務がメインのため、撮影はもっぱら空を飛んでいる。まだ写真作家と名乗る前の駆け出し〝カメラマン〟時代の紀行取材を思い出し、久しぶりの感覚に包まれて、脳と体は活性化していった。あらためて、地上もいいもんだなと。

北海道から九州、秘境駅ランキングの上位全ては訪れられなかったが、気になっていた駅へ思い切って訪れることができたのは良い機会であったし、なによりも遅ればせながら、糠南や宗太郎といったトップクラスの駅へ訪れられたことが、かなりの収穫であった。ああ、こんな雰囲気なのか。と、自分の中でやっと合点がいったのである。

では次回そこを空撮してみたい！　とも考えたのだけど、場所によってはかなり飛行時間がかかってしまい、機体のチャーター費用が嵩んでコストが回収できないほど高額となりそうで、ざっと経費を計算しながら溜息をつくのであった。

ここまで書いて、あとがきのように何かキリッと書こうと思いつつ、すでにダラダラと放言、駄文になってきてしまったが、もうこのまま進んでしまおう。

第4章の牛山さんとの対談で、私は「アクシデント系」と語った。一人旅が圧倒的に多く、国内ではせいぜい運休や遅延、切符忘れ程度であるが、海外だともっと深刻である。

2002年はヴェネチアで急性盲腸炎の手術入院（人生初の入院がイタリアなんて！）。13年はナムトック線で転倒し、左手首骨折。17年はバンコクで食あたり、同年ケンブリッジで額を鉄柵に強打。18年はイタリアで夜行列車に乗車し、機関車がショートして出火、途中駅にて運転打ち切り。19年はポーツマスで撮影機材が落下損傷。そして、23年はナムトックで階段から転落し靭帯損傷である。第2章で語ったワンイエン駅訪問の翌日に怪我をしたわけだが、13年の怪我と同じ路線の10年後の同じ月、2日違いでの怪我に、因縁深い何かを感じる。

あなたはおっちょこちょいなだけでしょう。と友人知人から呆れられ、最近自分でもひょっとしてそうなのか?と思ってきたのだが、列記した以外でも書ききれないほどアクシデントがあるため、何事もない平穏な旅は私にとって無縁なのだと、半ば諦めている。

とはいえ、裏を返せば経験できないことに触れられ、経験値が上がっていくとも言える。

この本に登場したようにいろんな人との出会いもあって、自宅で〝ググって〟も知ることのできない生の声と生活、においを感じ取り吸収することができる。そういった意味では、アクシデントもマイナスではない。

ただし、笑い話で済む程度でなければ洒落にならない。危険だという嗅覚を研ぎ澄ませておくことも、旅をするうえで一番大切だ。それは鉄道だけでなく、どのようなジャンルの旅人でも同じことを言う。

秘境駅に関して言えば、牛山さんの話ではないが、他の人が来られなくなってしまうことをよく考えて行動することだ。無人地帯の駅は誰も見ていないから何をしてもいいや、ではない。自信がなければ、鉄道会社や旅行会社が主催する秘境駅ツアーに参加して、秘境駅はどういうものか経験を重ねていくのが良い。何事も段階を踏まえて経験値を上げていくことだ。

と、説教くさいことを述べてしまったが、アクシデントが身近な私からは「保険は大事だよ」とも言っておきたい。傷害保険とか海外旅行保険といった本物の保険はもちろんだけれども、秘境駅旅は不測の事態がつきものだから、複数の行程を考える、旅に予備日を設ける。あるいは、延泊せざるを得ないときのために仕事の穴埋めを根回ししておくなど。

大袈裟なと思うかもしれないが、現に台風で帰国できなかったこともあり、ヴェネチア盲腸では撮影業務を変わってもらった。昨今は自然災害も酷くなっている。断腸の思いであるが、旅を取りやめる覚悟もときには必要だ。

ああ、さらにダラダラと駄文を弄《ろう》してしまった。この本で一区切りがついたところで、私の鉄道旅は再開する。まだまだ訪れたことのない駅、路線がある。まだ空撮していない鉄道もある。

最後となって恐縮であるが、この度の取材でお忙しい中ご対応いただいた鉄道会社の皆様、役所の皆様、牛山隆信さん、編集部の皆様にお礼を申し上げます。

令和5年8月　亜熱帯の東京にて　吉永陽一

参考経路

■糠南駅（旧留萌本線）

1日目　羽田空港 ＝空路＝ 稚内空港 ＝連絡バス（泊）

2日目　稚内駅 ＝宗谷本線＝ 糠南駅 ＝宗谷本線＝ 幌延駅 ＝宗谷本線＝ 名寄駅 ＝宗谷本線＝ 旭川駅 ＝レンタカー（泊）

3日目　真布駅 ＝レンタカー＝ 峠下駅 ＝レンタカー＝ 旭川空港 ＝空路＝ 羽田空港

■白井海岸駅

東京駅 ＝東北新幹線＝ 八戸駅 ＝八戸線＝ 久慈駅 ＝三陸鉄道＝ 白井海岸駅 ＝三陸鉄道＝ 久慈駅 ＝八戸線＝ 八戸駅 ＝東北新幹線＝ 東京駅

■男鹿高原駅

渋谷駅 ＝地下鉄半蔵門線＝ 北千住駅 ＝東武鉄道＝ 鬼怒川温泉駅 ＝東武鉄道・野岩鉄道＝ 男鹿高原駅 ＝野岩鉄道＝ 新藤原駅 ＝東武鉄道＝ 下今市駅 ＝東武鉄道＝ 浅草駅

■坂本ケーブル　霞ヶ丘駅

品川駅 ＝東海道新幹線＝ 京都駅 ＝湖西線＝ 比叡山坂本駅 ＝路線バス＝ ケーブル坂本駅 ＝坂本ケーブル＝ ほうらい丘駅 ＝坂本ケーブル＝ もたて山駅 ＝坂本ケーブル＝ ケーブル延暦寺駅 ＝路線バス＝ 比叡山頂駅 ＝叡山ロープウェイ＝ ロープ比叡駅 ＝徒歩＝ ケーブル比叡駅 ＝叡山ケーブル＝ ケーブル八瀬駅 ＝徒歩＝ 八瀬駅 ＝叡山電鉄＝ 出町柳駅 ＝京阪電鉄＝ 丹波橋駅 ＝近鉄＝ 大和西大寺駅 ＝近鉄＝ 生駒駅 ＝徒歩＝ 鳥居前駅 ＝生駒ケーブル＝ 宝山寺駅 ＝生駒ケーブル＝ 霞ヶ丘駅 ＝生駒ケーブル＝ 宝山寺駅 ＝生駒ケーブル＝ 鳥居前駅 ＝徒歩＝ 生駒駅 ＝大阪メトロ中央線＝ 堺筋本町駅 ＝大阪メトロ堺筋線＝ 山田駅 ＝大阪モノレール＝ 大阪空港駅 ＝ 伊丹空港 ＝空路＝ 羽田空港

■九州＆四国

1日目　羽田空港 ＝空路＝ 宮崎空港 ＝宮崎空港線・日豊本線＝ 延岡駅（泊）

2日目　延岡駅 ＝日豊本線＝ 宗太郎駅 ＝日豊本線＝ 延岡駅 ＝レンタカー＝ 宗太郎駅 ＝レンタカー＝ 延岡駅 ＝日豊本線＝ 宮崎駅（泊）

3日目　宮崎駅 ＝日南線＝ 油津駅 ＝日南線＝ 福島高松駅 ＝日南線＝ 宮崎駅 ＝日豊本線＝ 臼杵駅（泊）

4日目　臼杵駅 ＝オレンジフェリー＝ 八幡浜 ＝路線バス＝ 八幡浜駅 ＝予讃線＝ 伊予大洲駅 ＝予讃線＝ 串駅 ＝予讃線＝ 八幡浜駅 ＝予讃線＝ 宇和島駅（泊）

5日目　宇和島駅 ＝予土線＝ 窪川駅 ＝土佐くろしお鉄道＝ 中村駅 ＝土佐くろしお鉄道・土讃線＝ 高知駅 ＝土讃線＝ 土佐山田駅 ＝土讃線＝ 新改駅 ＝土讃線＝ 阿波池田駅（泊）

6日目　阿波池田駅 ＝土讃線＝ 坪尻駅 ＝土讃線＝ 多度津駅 ＝予讃線＝ 坂出駅 ＝瀬戸大橋線＝ 岡山駅 ＝東海道・山陽新幹線＝ 新横浜駅 ＝東急電鉄＝ 渋谷駅

■毘沙門駅&小幌駅

1日目　東京駅 ＝東北新幹線＝ 新青森駅 ＝奥羽本線＝ 川部駅 ＝五能線＝ 五所川原駅（泊）

2日目　津軽五所川原駅 ＝津軽鉄道＝ 毘沙門駅 ＝津軽鉄道＝ 津軽五所川原駅 ＝津軽鉄道＝ 毘沙門駅 ＝津軽鉄道＝ 金木駅 ＝津軽鉄道＝ 津軽中里駅 ＝津軽鉄道＝ 津軽五所川原駅（泊）

3日目　五所川原駅 ＝五能線＝ 川部駅 ＝奥羽本線＝ 弘前駅 ＝弘南鉄道＝ 黒石駅 ＝路線バス＝ 新青森駅 ＝北海道新幹線＝ 新函館北斗駅 ＝函館本線＝ 函館駅（泊）

4日目　函館駅 ＝函館本線・室蘭本線＝ 洞爺駅 ＝室蘭本線＝ 小幌駅 ＝室蘭本線＝ 洞爺駅（泊）

5日目　洞爺駅 ＝室蘭本線＝ 豊浦駅 ＝室蘭本線＝ 小幌駅 ＝室蘭本線＝ 洞爺駅（泊）

6日目　洞爺駅 ＝室蘭本線＝ 長万部駅 ＝函館本線＝ 函館駅 ＝函館本線＝ 新函館北斗駅 ＝北海道・東北新幹線＝ 東京駅

■長門本山駅&備後落合駅

1日目　東京駅 ＝東海道・山陽新幹線＝ 岡山駅（泊）

2日目　岡山駅 ＝山陽新幹線＝ 新山口駅 ＝宇部線＝ 宇部新川駅 ＝宇部線・小野田線＝ 長門本山駅 ＝路線バス＝ 赤崎神社 ＝徒歩＝ 雀田駅 ＝小野田線・宇部線＝ 宇部新川駅（泊）

3日目　宇部新川駅 ＝宇部線・小野田線＝ 長門本山駅 ＝小野田線＝ 雀田駅 ＝小野田線＝ 小野田駅 ＝山陽本線＝ 新山口駅 ＝山口線＝ 山口駅 ＝山口線＝ 益田駅 ＝山陰本線＝ 松江駅（泊）

4日目　松江駅 ＝山陰本線＝ 宍道駅 ＝木次線＝ 三井野原駅 ＝代行バス＝ 備後落合駅 ＝芸備線＝ 広島駅（泊）

5日目　広島駅 ＝芸備線＝ 三次駅 ＝芸備線＝ 広島駅 ＝東海道・山陽新幹線＝ 新横浜駅 ＝東急電鉄＝ 渋谷駅

■大沢駅&会津越川駅

1日目　東京駅 ＝東北・山形新幹線＝ 高畠駅（泊）

2日目　高畠駅 ＝奥羽本線＝ 米沢駅 ＝奥羽本線＝ 大沢駅 ＝奥羽本線＝ 米沢駅 ＝レンタカー＝ 大沢駅 ＝レンタカー＝ 天童市 ＝レンタカー＝ 会津柳津（泊）

3日目　会津柳津 ＝レンタカー＝ 会津越川駅 ＝レンタカー＝ 米沢駅 ＝東北・山形新幹線＝ 東京駅

■オルトナブリアック駅

1日目　羽田空港 ＝空路＝ ワルシャワ空港 ＝空路＝ ヒースロー空港 ＝Heathrow EXP.＝ ロンドン ＝（泊）

2日目・3日目は別件の撮影でケンブリッジへ（泊）

4日目　ケンブリッジ駅 =CrossCountry= ピーターバラ駅 =LNER= エディンバラ駅 =Scot Rail= インヴァーケイシング駅（泊）

5日目　インヴァーケイシング駅 =Scot Rail= ダンディー駅 =Scot Rail= パース駅 =Scot Rail= インヴァネス駅 =代行バス= サーソー駅 =（泊）6日目は周辺観光と乗り鉄（泊）

7日目　サーソー駅 =Scot Rail= オルトナブリアック =Scot Rail= ウィック駅 = Scot Rail= インヴァネス駅 =（泊）以後、スコットランドの保存鉄道、ウェールズ地方の保存鉄道を巡り、ロンドン、ポーツマス(機材落下！)、ヒースロー空港からワルシャワ経由で帰国

■三貂嶺、枋山、ワンイェン

1日目　羽田空港 =空路= 関西空港 =空路= 金浦空港 =空港鉄道= 仁川空港 =空路= 桃園空港 =空港鉄道= 台北站（泊）2日目は虎尾往復、台北（泊）

3日目　台北站 =縦貫、宜蘭線区間車= 三貂嶺站 =縦貫、宜蘭線区間車= 台北站（泊）=4日目は台北から高雄へ移動（泊）

5日目　高雄站 =屏東線自強号= 潮州站 =南廻線莒光号= 枋山站 =南廻線莒光号= 金崙站（泊）

6日目　金崙站 =南廻、屏東、縦貫線自強号= 新左営站 =台湾高鉄= 台北站（泊）

7日目　空港鉄道= 桃園空港 =空路= スワンナプーム空港 =空港鉄道= マッカサン駅 =地下鉄= フアランポーン駅（泊）

8日目　フアランポーン駅 =南本線= ノンプラドック駅 =徒歩= 周辺取材 =徒歩= ノンプラドック駅 =南本線= フアランポーン駅（泊）

9日目　フアランポーン駅 =南本線スハネフ14= ナコンパトム駅 =南本線、ナムトック線= タムクラセ駅（泊）

10日目　タムクラセ駅 =ナムトック線= ワンイェン駅 =ナムトック線= ナムトック駅（泊）=11日目、階段から転落し怪我。リバークワイで一泊しバンコクで受診後に帰国。関西空港から羽田空港へ。

■尾盛駅

前泊入り=レンタカー= 千頭駅 =井川線= 尾盛駅 =井川線= 奥大井湖上駅 =井川線= 千頭駅（泊）

■小和田駅

1日目　渋谷駅 =湘南新宿ライン= 戸塚駅 =東海道本線= 沼津駅 =東海道本線= 浜松駅 =東海道本線= 豊橋駅 =名鉄振り替え輸送= 名古屋駅（泊）

2日目　名古屋駅 =東海道本線= 豊橋駅 =飯田線= 小和田駅 =飯田線= 豊橋駅 =東海道本線= 名古屋駅 =その後は「青春18きっぷ」で東京へ

参考経路

吉永陽一（よしなが　よういち）
1977年東京都生まれ。大阪芸術大学写真学科卒業後、建築模型製作会社スタッフを経て空撮会社へ。フリーランスとして空撮のキャリアを積む。長年鉄道空撮に取り組み、2011年の初個展「空鉄（そらてつ）」を皮切りに、数々の空撮鉄道写真を発表。空撮以外にも旅や鉄道などの紀行取材も行い、陸空で活躍。2022年6月、『空鉄空撮鉄道旅情』（天夢人）など。

交通新聞社新書173
秘境駅への旅
そこは、どんな場所なのか
（定価はカバーに表示してあります）

2023年9月15日　第1刷発行

著　者――吉永陽一
発行人――伊藤嘉道
発行所――株式会社交通新聞社
https://www.kotsu.co.jp/
〒101-0062　東京都千代田区神田駿河台2-3-11
電話　(03) 6831-6560（編集）
(03) 6831-6622（販売）

カバーデザイン―アルビレオ
印刷・製本―大日本印刷株式会社

ISBN978-4-330-06123-8